ちくま新書

世界史序説
――アジア史から一望する

岡本隆司
Okamoto Takashi

1342

世界史序説——アジア史から一望する【目次】

はじめに　日本人の世界史を　009
巻の「世界史」／普遍史と世界史と西欧／グローバル・ヒストリーまで／西洋中心史観／自国史・日本史・東洋史／西と東／東西格差／アジアから見る歴史／日本人の世界史

第Ⅰ章　アジア史と古代文明　029
1　アジア史の構想・構成　030
東洋史学の現状／東洋史学の隘路／時代区分のみなおし／東西交渉史のみなおし／先達の構想／考察の端緒／アジアの地域構成／シルクロードとは何か
2　古代文明とアジア史の出発　044
文明のはじまり／遊牧の位置／文明の構成／オリエント／ギリシア・ローマ・インド／中央アジアから中国へ
3　「大移動」と古代文明の解体　059

「滅亡」の時代／寒冷化／新しい体制／宗教・信仰の時代／「世界宗教」？／キリスト教とローマ・オリエント／東アジアの仏教

第Ⅱ章　流動化の世紀　075

1　東と西の再統一　076
優越するオリエント／イスラームの登場と席巻／オリエントの再統一／イスラームの定着／中央アジアの位置／突厥から隋唐へ／唐と中央アジア

2　移動と分立の東西アジア　091
「東アジア」と「東ユーラシア」／仏教の位置／仏教帝国の夢／安史の乱／「東ユーラシア」の解体／ウマイヤ朝からアッバース朝へ／イスラームの多元化／ペルシアと中央アジア／ウイグルと中央アジアのトルコ化／イスラーム化とトルコ化の進展／西進する遊牧民

3　トルコ化と契丹　107
焦点としてのウイグル／ウイグルとソグド／トルコ化・イスラーム化の内実／トルコ人の制覇と温暖化／契丹《キタン》の勃興／唐宋変革／多国共存体制／モンゴル帝国の前提

第Ⅲ章　近世アジアの形成　123

1　モンゴル帝国の建設　124
モンゴルの登場／東西草原世界の制覇／政権の組織化／東西の拡大／第二のステージ／フラグの西征／クビライの簒奪

2　モンゴルの達成　140
停止する拡大／遊牧政権の集大成／軍事と通商／首都圏の建設／商業と徴税／通貨制度

3　ポスト・モンゴルの転換　157
陸から海へ／「一四世紀の危機」／チャガタイ＝トルコとティムール朝／イランの形成／オスマン帝国／近世アジアの展開

4　明清交代と大航海時代　172
明朝の成立／「中華」の純化／社会の商業化／「北虜南倭」／清朝の興起と達成／海上交易／インドの勃興／グローバル世界史の形成

第Ⅳ章　西洋近代　189
1　イタリアの盛衰と近代ヨーロッパの胎動　190
地中海とイタリア／ヨーロッパとローマ／焦点としてのシチリア／フリードリヒ大帝／ルネサンスの背景／ルネサンスとは何か／イタリアの位置／没落
2　「海洋帝国」から大英帝国へ　207
スペイン・ポルトガル／「海洋帝国」／西欧・北欧の位置／オランダ／環大西洋経済圏／量的拡大／イギリスの登場／イギリスの黎明／アングロ・サクソン的「法の支配」／凝集する国家
3　帝国主義と東西の「帝国」　225
産業革命／革命の結集と大英帝国／近代世界経済とその核心／信用の拡大と投資の出現／帝国主義と現代／「大分岐」「大収斂」／「西欧の奇跡《ヨーロピアン・ミラクル》」／東の「帝国」と「法の支配」／西の「帝国」と「中世」
おわりに　日本史と世界史の展望　243

「中世」と「近代」／「近代」と歴史学／「中世」の存否——中国と日本／日本人と歴史学と日本史／近世までの列島／「大開発」の進行と停頓／社会経済の転換／日本史とアジア史と西欧／近代日本と現代世界

あとがき 261

文献一覧 i

はじめに　日本人の世界史を

†巷の「世界史」

ずいぶん以前、ジュリアン・バーンズ『10½章で書かれた世界の歴史』という小説を読んだことがある。「小説《つくりばなし》」と思って、あまりその手の本を読む習慣をもたない筆者が、つい手にとったのは、おそらく「世界の歴史」というタイトルに惹かれてのこと。余暇の娯楽も生業《なりわい》の史学と無縁でいられない貧乏性のなせるわざ、自ら苦笑を禁じ得なかった。

読みすすめると、なかなかおもしろい。筋立てはノアの箱舟・古代ミノス文明・異端審問・コロンブス・メデューサ号遭難・タイタニック号遭難・ナチスのユダヤ人放逐・イエズス会の宣教活動・宇宙飛行士の月面着陸……。

神話・聖書から現代まで、ひととおり歴史をたどりおわって本を閉じると、はて、と思いいたった。これで世界史なんだ……、と。アジアの話がでてこなかったからである。

そうはいっても、小説・娯楽のこと、何も目くじら立てなくてもよい。しばらく経つと、本ともどもすっかり忘却してしまっていた。しかしあらためて思い出すと、巷に出まわる小説だからこそ、かえって重大かもしれない。いわゆる「世界史」の一般通念がそこにあらわれているからである。

†普遍史と世界史と西欧

現代のあらゆる学問は、すべて西欧に起源する。ということは、そもそもキリスト教・カトリックと不可分に関わりを有していた。われわれはついそれを忘れがちではあるまいか。最たるものが歴史学である。

自然科学が占星術や錬金術から生まれたのと同様、歴史学も聖書・神話と不可分のものだった。いわゆる「世界史」はもともと、キリスト教の「普遍史」に由来している。アダム創造・ノアの方舟から説き起こす、今の眼からみれば、いかにも荒唐無稽な歴史叙述だった。すでにみたとおり、それが横文字の小説の題材になりうると同時に、そこにタイトルをつければ、やはり「世界史」になってしまうのである。

しかし「世界史」と耳にして、キリスト教・「普遍史」をイメージする日本人が、果たしてどれくらいいようか。高校の世界史教科書を思い浮かべる向きが、大多数だろう。たとえそうでなくとも、歴史をことさら西洋やキリスト教と結びつけようとはすまい。

過去の事実を記録、叙述する営みは、どんな形であれ、西欧以外の文明圏でも存在した。日本だって例外ではない。だから歴史はいつでもどこでも、つい同じものだと思ってしまう。「世界史」という命題は、その典型かもしれない。

歴史学は近代西欧でできた学問であるから、歴史を学ぶにも書くにも、あくまで西洋の方法に則ることになる。論理・証明など、意識的技術的な側面ばかりではない。底流を貫き、そのためにかえって意識しづらいコンセプトが、むしろそうである。たとえば、最も基本的な時間と空間の観念。キリスト教がそこに濃厚な影響をおよぼしてきた。

時間でいえば、いわゆる西暦がそうだし、進歩・発展という概念も同じ。われわれはごくふつう日常的に、「二〇一八年」といい、「明日があるさ」と思ってしまう。それこそ骨の髄まで、西洋化されてしまっているのである。

それぞれは本来、キリスト教の教義たる創世記紀元、「最後の審判」であった。いずれも換骨奪胎させて世俗化し、荒唐無稽な宗教色が希薄になっただけの概念で、それらが西欧人の信仰に由来することにかわりはない。

東洋人なら「建武」「平成」など元号を使い、「昔ほどよかった」と思うのが、かつては普通だった。しかしそんな慣行は、もはや陳腐希少になり下がっている。

空間観念も同じである。歴史学は nation の確立した一九世紀に成立した。その nation とはキリスト教西欧が発明したものである。歴史学はそのため、まずこの nation の範囲で、nation を対象に、実践がはじまった。「自国史 national history」である。

もっとも西欧の nation は、それぞれ孤立してはいなかったので、そこにもうひとまわり大きな舞台がなくてはならない。それが西洋人の「世界」であって、「自国史」以外の外国史を「世界史 World history」と称した。これも現在の用語法と同じ、その範囲は family of nations, いまでいえば international community,「国際社会」を指す。

しかし当時のそれは、西欧の関わるキリスト教圏を出なかったし、かつまたそこに national history を構築する以外の方法を考慮する必要もおぼえなかった。キリスト教し nation にしか、かれらの認める「世界」がなかったからである。

†グローバル・ヒストリーまで

以上がいわゆる歴史学・世界史の前提である。ここから始まった「世界史」の叙述は、いまにいたるまで、もとより一つではない。しかし元来の前提・ベースはかわらないのであって、発想・論法の根本をなす観念の枠組には、一貫して同じものが存在する。

そもそもの歴史学・世界史が、キリスト教聖書の「普遍史」を裏返したものである。啓蒙思想の興起と足並みをそろえて、歴史叙述も宗教から分離した世俗的合理的なものになった。けれどもそこには、キリスト教の人生観に由来する発展史観と、キリスト教のみを文明世界とみる空間認識とが、抜きがたく存在していた。

ヘーゲル（一七七〇―一八三一）の精神史観はその典型だろう。発展したキリスト教ヨーロッパに対し、異教のアジア、中国・インドは「絶対的に停滞」していて、歴史は存在しないと断言した。

これを物質・経済で読み替えると、マルクス史観になる。まったく異なる内容でありながら、枠組はかわらない。ヘーゲルの「停滞」に相当するのが、マルクス（一八一八―一八八三）が階級闘争の埒外に設定した「アジア的生産様式」である。

このようにマルクス史学までは、西洋以外に世界・歴史の存在を認めなかった。以後はようやく、それを認めるようになってくる。唯物史観以後の「世界史」のグランド・セオリーといえば、イマニュエル・ウォーラーステイン（一九三〇―）の「世界システム論」。前近代は西洋以外にも「世界帝国」が存在し併存していた時代であり、近代になると、「中心」として発展した西洋と、それ以外の従属した「周辺」から成る一体の「構造」が成立した、ととなえた。

西洋以外を「構造」化した「世界」の一部と認めたことは、大きな変化である。しかしあくまで中心は西洋で、それが発展したのであり、それ以外をいわゆる発展の埒外としているのは、キリスト教、ヘーゲル、マルクスから変わるところはない。

A・G・フランク（一九二九―二〇〇五）の『リオリエント』はそれに対し、前近代に富を蓄積したのは西洋以外、とりわけ中国であり、その富が西洋にもたらされたのだ、と批判した。けれどもアジアの史実を知らないフランクは、西洋以外の発展と停滞のしくみを示していないので、あくまでウォーラーステインの反転、ネガ画でしかない。

その上にたって登場したのが、グローバル・ヒストリーである。生態環境など、これまで歴史学の対象にならなかった、しかも世界に共通する対象・問題を積極的にとりあげて、世界史を描こうとするものである。

しかしその視座・概念やデータの蒐集・使用などは、まったく西洋史の基準・方法そのままであって、それを無前提・無媒介・無批判に拡げただけである。典型的なのが古今東西のＧＤＰを比較するアンガス・マディソン（一九二六―二〇一〇）の統計（**図1**）。東方・一八世紀以前の推計は大胆強引に失して、まるで信用できない。

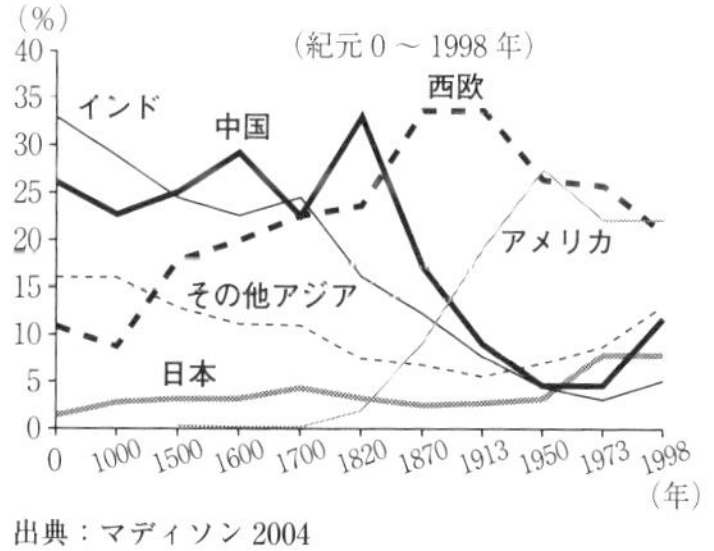

出典：マディソン 2004

「中国」の明清時代をみるだけで、その「大胆強引」さは推して知るべし。「1500」年から以後 300 年、一人当たりの GDP が「停滞していた」前提で推計しており、およそありえないことである。

図1　地域別 GDP の世界シェア推移

西洋中心史観

これを西洋中心史観という。その脱却が叫ばれて久しい。筆者の見聞するかぎりでも、ウォーラーステインで脱却し、フランクでまた脱却、グローバル・ヒストリーでまたまた脱却した、といわれた。これで閲すること三十年、けっきょく脱却できてはいない。

さらにケネス・ポメランツ（一九五八―）らのいわゆるカリフォルニア学派がある。グローバル・ヒストリーの経済史・東アジア版で、近代に「大分岐」する西欧と中国を対比して、一八世紀までの両者を同質とみなした。

かれら自身はヨーロッパ中心主義を反省し、西洋中心の経済発展史像に対し、自己批判を試みているつもりなのである。そして斯学で最も層が厚く、元来が欧米へのコンプレックスが強い中国語圏の研究者たちは、その姿勢に好感をもったのか、高く評価したから、たちまち世界の主流的な研究となった。

そんな所説が、正しいのならよい。しかし少なくとも東アジアに関わるデータ分析・歴史叙述は、あまりにも粗雑杜撰で、初歩的基本的な誤謬が多すぎる。一七世紀の日本が深刻な政治不安に直面していた、といわれては、どうにも首をかしげざるをえない。

結果を誤るのは、姿勢・方法が正しくないからである。東西を強いて均質化しようとする発想は、たとえばマディソンとかわらない。

同質・均質とみなすことが、とりもなおさず反省、再評価となる。その根柢には、西洋と同じなら、劣っていない、優れている、という観念があるわけで、それこそ抜きがたい西洋優越意識、ヨーロッパ中心主義のあらわれにほかならない。

以上に共通するのは、アジアの史実を個別具体的にあとづけ、検討して、そこから論理を組み立てようとしないことにつきる。それなら西洋だけに限定して、なまじいにアジア・世界を語らなくてもよいようにも感じる。けれどもそうはならない。西洋史学の泰斗・川北稔(一九四〇―)が一般向けに書いた論述を引いてみよう。

しかし、二一世紀の現在、台湾、中国、韓国など、広くいえば東アジア全体が経済発展を実現している。もっといえば、東アジアが急速に均質化され、西欧化している。ウェーバー学説では、この現実をうまく説明できないのである。……今日の世界は、経済的にも政治的にも一体化している。とすれば、歴史もまた個々の国別ではなく、西欧や東アジアのような広域、または世界を主語として見るべきである。こうした見方は、世界システム論やグローバルヒストリーとして、いま盛んになっている。工業化以前、西欧と中国は共に資源の限界に悩んでいたが、西欧は「大航海」によって、南・北アメリカという膨大な資源を棚ぼた式に獲得し、それを前提に工業化に成功した。これが米歴史家のウォーラーステインやポメランツが唱える世界システム論である。現代の世界に続く経済発展の理論としては世界システム論のほうが、はるかに説得的である。(川北 2016)

「経済発展を実現」すれば、とりもなおさず「西欧化」で「均質」だという。しかしたとえば、かつての日本の高度成長と中国の昨今の経済発展は、はたして「均質」だろうか。それでは、彼我を何も具体的に見ていないにひとしい。

「東アジア」の歴史・事実を見ない、知らないのに、「東アジアのような広域、または世界を主語として見るべき」だとする思考法。ここに厳存するのは、「西欧」固有の史実とそこから抽出した概念を、ア・プリオリに普遍とし、世界全体に適用できる、とみなす「普遍史」以来の観念である。

決して論者個人、ひとりの問題ではない。大多数の知識人は、そうしているだろう。西洋人の学説、あるいは思考様式に対する信頼・尊重、いな信奉は、これほどに根強い。

†自国史・日本史・東洋史

歴史学が始まって以来、叙述の単位になるのは、主として自国である。そんな「ナショナル・ヒストリー」の弊害がいわれて久しい。けれども歴史学の成立したのは、ほかならぬ国民国家が生まれる過程であり、われわれは今もその中で生きている。いかに欠点をあげつらい、批判否定しようと、自国史《ナショナル・ヒストリー》から全く脱却分離してしまうことはできない。

西洋人の思考法では、おそらく自国史《ナショナル・ヒストリー》は自ずから、ヨーロッパ史に連続する。西欧の歴史は政治にしても経済にしても、一国だけでは語れない局面ばかりだからであり、ナショナルはとりもなおさず、インターナショナルになる。そしてそのインターナショナルなヨーロッパ史・西洋史はまた、ごく自然に「世界史」に拡大する。ヨーロッパ帝国主義が世界を制覇したからである。

西洋人の歴史感覚はそういう構造になっていて、西洋史に関するかぎり、それでまったく違和感がない。そんな感覚が、これまで「世界史」と密接に関わってきたグランド・セオリーすべての根柢にある。

逆にそこが異邦人には、共感しきれない。実感がともなわないからである。

同じ図式をたとえば、日本にあてはめてみよう。日本史は西洋史と同じく、古代・中世・近世という時代区分・発展段階をほどこして体系化された。

ここまでは、ごくスムーズである。しかしこの自国史たる日本史が、東アジアの東洋史にうまく接続しなかった。近世・近代の範囲で西洋史と直結し、ほぼそれだけにとどまっている。

日本の歴史は戦前・戦後を通じ、近代以前を語るときには、東アジアの史実をほぼ無視してきた。たとえ視野に入れても、東洋史学のプロパーからみれば、力点の置き方がちがったり、ひどい場合には、とんでもない誤解・曲解すらある。それでけっこう通じてしまうところ、やはり見逃せない。そんな旧態に対し、学界が真剣に反省をはじめたのは、ようやく最近のことである。

東洋史・アジア史を無視しても、誤解してもかまわない。外国史・世界史といえば、まず西洋の歴史を思いつく。日本人にごく一般的なこうした感覚が、何より重大な問題ではなかろうか。

†西と東

その東洋史学のほうも、西洋史・日本史で普通の時代区分体系を打ち立てることができなかった。いまも漢代とか唐代とか、王朝名で時代を表現するという旧態依然のやり方でまかり通っている。

もっともその研究を通じて、多くの史実が明らかになって、西欧の歴史過程から抽出した「封建制」や「資本制」のような概念では、そのすべてを括りきれないことが判明した。

こうした経過は、東アジアの歴史事実が、西洋史学の方法では必ずしも説明できない実情を意味する。いいかえれば、世界史に「基本法則」や標準モデルなどありえないことを、東洋史学は身をもって学んだのである。

東洋史学はそのため、あらためて一次史料に即した個別研究の深化をめざした。一九九〇年代以降、ちょうど印刷情報技術のめざましい向上と時を同じくしていたこともあって、研究は長足の進展をみせ、成果も決して少なくない。

しかしグランド・セオリーを失った状態で、新しい史実が豊かになればなるほど、全体の体系化がいよいよ難しくなり、さらにそれを世界史に還元するのは、想像以上の困難をともなった。東洋史学はともすれば、細分化された個別研究が併存したまま、埋没しかねない境遇にあったのは否めない。

そんな情況で迫ってきたのが、グローバル・ヒストリーである。西洋史も技術革新のおかげで、研究の進歩は著しい。グローバル化の趨勢とあいまって、いよいよ「世界史」を志向する。東洋史学・アジア史の研究領域をその射程に入れてきたのも、当然だった。

かつての西洋史も、最近のグローバル・ヒストリーも、アジアの具体的な史実とそれに対する豊饒な研究成果を、ほとんど閑却する点でかわらない。ただ昔はアジア史を無視しながらも、なお知らないことを自覚して、それなりに尊重する雅量があった。しかし今は、グローバル化の大義名分のもと、いわば土足であがりこんでくるかのようである。

とくに東アジアのことは、近いので容易にわかる、わかった、と勘違いしている日本人に、その傾向が強い。西洋人にとって、漢語などアジアの言語文化はきわめて難解だから、横文字のグローバル・ヒストリーが、日本語・漢語のアジア史学に弱いのは、当然である。日本の知識人はそれに対し、豊かなアジア史学の研究成果を母語で有し、また理解できる。ところが、そうした著述を読まないまま、「アジアからみた」グローバル・ヒストリーを語るのは、いささか奇観たるをまぬかれまい。

たとえば日本のイギリス帝国史研究が、中国のことを論じるのに、まず依拠、引用するのは、英文・横文字の研究書・著述である。どうして日本人・日本語の中国史研究の成果を利用せずに、一知半解の洋書に頼るのだろうか。

†東西格差

けだし西洋学を専門とする人々にとって、日本の東洋学にとりくむよりも、たとえ言語がちがっても、欧米人の考えのほうが理解しやすい、というのが本音ではないか。だとすれば東と西は、はるかに相隔たっているのである。

グローバル・ヒストリーに向かった西洋史の現状は、ごく乱暴に整理すれば、以下のようであろうか。西洋史学はひととおり、自らの「世界」の政治・外交・社会・文化など、人間社会の諸様相を解明しつくした。そこで関心は、その外へと向かって拡大してゆく。イギリス帝国史は、その一典型であろう。

それも個々人の生々しい顔が見え、かつ国境で区切られざるをえない政治や外交や文化よりも、人の顔のみえない、越境もたやすい経済や環境などを主題にする。そこで数量経済や生態環境、疾病医療が「世界史」を描く重要な論点・題目となってきたのである。「グローバル化」にともなって、英語が世界共通語になってきたことも無視できない。英語という言語や数値という指標など、ネイションの垣根をこえて誰にでもわかる手段が整ってきた。なればこそ「グローバル」な歴史叙述になれたのである。

逆にいえば、グローバル・ヒストリーとは、そのような題材・手段でしか通用しない。政治や外交などは、はじめからその埒外、もはやアウト・オブ・デートなのである。

西洋史にかぎるなら、それでよい。すでに政治も社会も、大づかみなところは解明ずみであって、コンセンサスもある。安んじて生態環境・数量経済など、脱人間的な歴史にとりくむことができた。

しかしそれが、あらゆる世界で通用するわけではない。人間社会を解明しきったと自任する西洋史のレベルに比べれば、東洋史学はまだまだ幼稚な段階にすぎない。社会の構成はおろか、政治・外交の範囲すら、その姿態・内実を解明しきれていない。時代区分すらできないのであって、おそらく最も史料が豊富で解明の進んだ中国史ですら、そうである。

西洋史旧来の成果・手法に久しくなずんできた東洋史学では、いま新たな根本資料から研究を再構成しているさなかである。西洋史の研究がグローバル・ヒストリーにいきついたのと同じ方法・コースで、アジアの歴史像も解明できるかもしれないし、できないかもしれない。それはなお、未知の段階なのである。

†アジアから見る歴史

東と西・アジアとヨーロッパとでは、それほどに研究の進展・水準に格差があり、したがって方向・方法も異にしている。西の研究者が東洋史のことがわからないのは、主としてここに起因しており、もちろん西が不勉強なのに大きな責任はあろうが、しかし東が異分野にもわかるよう、調べ説いてきたかといえば、それも多分に怪しい。

ともあれ東洋史・アジア史は、はるかに西洋史と隔たっている。にもかかわらず、グローバル・ヒストリーを今そのまま適用するのは、あまりにも性急、時期尚早ではないか。西洋史もウォーラーステイン、フランク以来、つとに西欧以外の歴史発展の存在を認めている。いわゆる「近代化」の視座も、一元的・単線的な西欧型モデルだけにとどまらない、多元性・多系性を前提とするものに転換した。にもかかわらず非ヨーロッパ世界、とりわけアジアにも、西洋史と同一のグローバル・ヒストリーを適用したのが、たとえばポメランツであった。

「世界史」という既成概念にとらわれて、具体的な史実に立ち入らないまま、言語・概念・指標・統計など分析手段を同一・「均質」にして、東を無理矢理、西とくっつけたのが実情である。そこで誤謬が少なからず生じても、何らおかしくない。

どうやらそこに作用しているのは、西欧の方法で抽象した理論・指標の適用を前提とすべきだとする固定観念である。唯物史観にしても統計数値にしても、それは具体的事実を抽象した理論・指標にほかならない。ある種の前提条件が厳存する。その条件が合致する対象・課題であるなら、簡明に解答が得られる。けれども合っていなければ、ものの役に立たない。

西の理論・指標で東の事実が解けるはずだとするやり方は、かつて日本の東洋史学が試みて、無残に失敗したことではなかったか。それを現在のグローバル・ヒストリーは、かつての「世界史の基本法則」よろしく、またぞろくりかえしているのである。

しかし独自の東洋史学をもち、隣接する東アジアの理解こそ重大な日本人の世界史研究は、それとは截然と異なってしかるべきではあるまいか。西洋人・中国人いずれも閑却してきたアジアの具体的な史実を明らかにし、そこから歴史像を組み立てることができるはずだし、またそうしなくてはならない。

†日本人の世界史

グローバル・ヒストリーにいたる「世界史」、とりわけその理論化・抽象化には、「世界」の人間社会はみんな同じ、「均質」だという前提がある。その前提と手続きに誤謬がひそんでいる。

ヨーロッパの常識的な視点では、みえにくい史実、解しがたい史料が、アジアには厳存する。したがってアジアを併せて世界史を構想するには、西洋史の、歴史学のあたりまえを疑い、アジア史自体の視角・論理から、前提そのものを再考してみることが必要ではないか。

その任は東洋史学を有し、東アジア史を知らねばならぬ日本人が、最もふさわしい。蓄積もあれば、能力にも恵まれているし、必要性も高いのである。

しかし日本人、とりわけ西洋学をおさめた知識人は、必ずしも日本語の東洋史学を読まなかったし、成果を尊重してこなかった。たしかに以前なら、そんなことを考えるのは、専門家だけでよかったかもしれない。だが今やグローバル時代、東西の相互認識はいよいよ必要になっている。

グローバル時代は地球の一体化・ボーダレスをもたらした半面、それ以上にローカリズム、もっといえば独善の時代にほかならない。テロなどはその典型である。情報の氾濫はその良否是非の辨別取捨を不可能にした。かくて、一知半解を蔓延させ、見たいものしか見ない、不都合な事物には耳を貸さない世相をつくりだす。

歴史の文脈でいえば、史料を読まず史実をみずに、観念的・政治的な歴史像が横行するようになった。中国のとなえる「歴史認識」は、その典型である。しかし極言すれば、いわゆる「文明の衝突」や「グローバル・ヒストリー」も、さして隔たりがあるとも思えない。中華主義的言説と西洋中心史観とは、視座・概念・感覚で一脈通じるところがある。

両者のはざまに位置する日本人は、それならどうすればよいのか。独善を屑《いさぎよ》しとしないのなら、あくまで歴史学の王道にのっとり、自分たちの歴史観・世界観を充足させるために歴史を書いてゆくしかない。アジアの史実に立脚する世界史叙述が必要なゆえんである。

第Ⅰ章　アジア史と古代文明

1　アジア史の構想・構成

†東洋史学の現状

世界史をめざすといっても、自身は東洋史学を専攻する日本人の一研究者でしかない。そこに立脚してしか論じることはできないから、せめて学統の長所短所、自らの浅学菲才を自覚し、わきまえるところから話をはじめる必要がある。

東洋史学も、歴史学の一つ。そこから何かかけ離れた特別な方法があるわけではない。歴史学の始原・西洋史の既成概念や分析装置を使うところから始まったのであり、そうするほかなかった。

先にふれた時代区分も、その一つであった。西欧の概念・西洋史の展開をモデルにする以外に方法はありえない。東洋史学の泰斗・宮崎市定（一九〇一—一九九五）は、その典型である。師の内藤湖南（一八六六—一九三四）がとなえた宋代近世論を補強更新し、その

「近世」をナショナリズムや資本主義などの概念で理解し、説明した。「近世」に限らない。「古代」も都市国家論だし、「中世」の「貴族制」も、封建制になるべきはずのものだった、という。その西欧的概念の援用は、西欧近代文明に冷淡だった内藤より、はるかに徹底していた。

いま宮崎の著述を読んでも、とても読みやすく、わかりやすい。とても百十年以上も前に生まれた人とは思えない。趣旨がつねに明快なのは、文章のうまさのほかに、こうした概念操作、論理・論法にある。われわれの頭・知識は、すでに過半が西洋の概念で占められているからであり、それだけに宮崎には支持者も多かった半面、批判も少なくなかった。

しかし少なくとも現在の東洋史学界では、もはやこんな叙述はできない。西欧的概念に対し、以前よりはるかに懐疑的になったからである。まずは新たな史料の発掘と精細な史実の解明、その位置づけに意を用いてきた。

†東洋史学の隘路

ところが西欧的な概念しか有さない人たちは、そうした史実が必ずしも理解できない。名称・概念そのものからわからないのである。

かつて宮崎がギリシア・ローマにならい「都市国家《ポリス》」といったものは、いま「邑制国家」とするのが普通である。ギルドと呼びならわしていたものは、「行会」という。時代区分論争の争点になった「佃戸《でんこ》」などは、はじめからこの呼称で、およそ翻訳不能だった。

そのように史料上のオリジナルな表現で称したほうが、もちろん正確ではあるのだろう。けれども中国史をかなり専門に勉強しなくては、そのことば自体の意味するところが了解できまい。資本主義・ナショナリズムなど、西洋の概念といかに異なることか。

初学者・門外漢を受け付けない構造になっているのである。こうした事情はイスラームの「ワクフ」（≒寄進？）、インドの「ザミンダール」（≒地主？）など、アジアの歴史なら中国史に限らないし、どこの国・どんな言語でとりくむにしても、さして変わらない。

一事が万事こんな具合、だから西洋史はじめ、ほかの専攻分野に属する人々は、アジアの歴史の内容が次第に近づきにくく、わからなくなる。ついには西洋の概念に短絡させるのでなければ、東洋史学そのものに関心を失ってしまった。ここに現状の問題がある。

まず当事者で、事情をそれなりにわかっているはずの東洋史学が自覚して、何とかせねばならなかった。しかし専門の学界では、新たな史料や学説にとりくむのに忙しく、また性急な理論化と誤解を避けるあまり、それを十分に果たしてはいない。もはや東洋史学界の内部で、かつての時代区分論争の意義や課題も忘れられている状態である。それで、ほかに伝わるはずもない。

†時代区分のみなおし

日本の東洋史学には、いくつか世界史につながる研究枠組、もしくは構想があった。ひとつは、さきにも述べた時代区分である。

ポメランツがことさら「大分岐」と言い立てるまでもなく、アジアとヨーロッパが一九世紀以降・近代でかけ離れてくるのは、自明の歴史事象であり、それを以前は「近代化」と称していた。時代区分とはそもそも、その「分岐」する「近代」にいたるコースをいかに把握するか、という問題意識にほかならない。

これはこれで、歴史学共通の意識であった。なればこそ、「世界史の基本法則」というフレーズもありえたわけである。時代区分は時系列からみた東西の比較・把握というべきものだった。

だとすれば、それは「近代」を基軸に、東西の時系列発展のどこが、どのようにちがっていたのか、をとらえる作業でなくてはならなかった。もっとも、比較するには、同質の要素を前提にする必要がある。その前提にしていたはずの同質が異質だったと発見して、東洋史学は行きづまった。

そこをみなおすことが、とりもなおさず一つの方法である。東洋史の時代区分論争の詳細は、別のところですでに述べたことがあるので、あらためては立ち入らない。それでも見のがせないのは、あつかうべき空間の範囲は、東西ともに意識が希薄で、ともすれば所与・自明のように決まっていたことである。

つまり西は西欧、東は東アジアのみ、すぐ「アジア」といいたがる日本人の独り善がりな習癖でもあって、視野に入っているのは、日本列島およびそこに関わる朝鮮半島・中国大陸という「東アジア」にすぎない。欧米のほかは日本だけという、身に染みついた西洋中心主義の裏返しでもあろうか。

†東西交渉史のみなおし

それと関連して注目したいのは、東西交渉史の系譜である。かつていわゆる「シルクロード」という術語概念が代表した研究であり、これも連綿とつづいてきた。

明治に始まった日本人の東洋史学は、江戸時代以来の漢学をベースにしながら、そのナショナリズムゆえに中国の中華主義に反撥して、中国そのものを避ける傾向が著しい。そのためとりわけ漢語で「塞外」「西域」と呼ぶ地域に、研究の少なからぬ精力を傾けてきた。はじめは漢字表記の地名考証にはじまり、文化交流・宗教社会・政治軍事・生態環境まで、おびただしい研究の蓄積があり、現在もそれは続いている。

以前その地域は「シルクロード」という称呼よろしく、東西の間をつなぐ道としかみなしていなかった。「シルク」はかつて中国にしかできなかった産物だから、中国の別名でもあり、それが西方・ヨーロッパに伝わる経路《ロード》だという含意なのである。

ところがいまや研究がすすんで、その経路《ロード》こそが実は、主要重大な歴史の舞台だった、と認識されるにいたった。「中央ユーラシア世界」がそうした視座の転換をあらわす術語概念となっている。

これは空間からみなおした東西把握といってよい。そもそも「東西交渉」という称呼からわかるように、その東と西もほとんど自明だった。ところがそれは、いまや大きく転換した。概念の表記からもわかる。西のヨーロッパと東の東アジアとの間にあって、「交渉」の経路《ロード》でしかなかった「中央」は、いまや「ユーラシア」であって、東西を兼ねる存在にほかならない。

半面「中央ユーラシア」史の時系列的な展開は、「シルクロード」だったころと同じく、依然としてわかりづらい。もちろん多くの史実が明らかになって、変化には富む。けれども その変化の筋道が、必ずしもわれわれの頭にすんなり入ってくるようにはなっていない。

その一因は、東西の「時代区分」で指標となっていた発展段階や「近代化」に結びつく要素が乏しいため、西洋近代の観念に慣れきった頭脳になじみにくいところにある。これはむしろ見る側の問題ではありながら、われわれの頭の中をいますぐ、どうこう改めるわけにもいかない。

このように、いずれも不十分な側面がある。だとすれば、この現状を裏返せばよい。「時代区分」の再考と「東西交渉史」の進展、時系列と地域空間のみなおしを組み合わせることで、新しい世界史も構想できるのではなかろうか。

†先達の構想

その点、日本人には種々、先駆的な試みもある。宮崎市定の「アジア史」と梅棹忠夫(一九二〇—二〇一〇)の「生態史観」は、その典型だといってよい。いずれも時代区分・地域区分を組み合わせ、高度に抽象化した所説である。それだけに特徴がきわだち、長短もわかりやすい。

宮崎はその「世界史」を表現するのに、ヨーロッパを基準とした年表を用いている（**図2**）。東洋史学の時代区分から発想したため、いわば当然の方法ではあった。しかしながら、東西のアジアを相対的に独立した地域に分かち、ヨーロッパとも組み合わせて、三者相互の関係と影響のダイナミズムをもりこんだ点が独創的である。

梅棹は逆にその地域のほうを、人間集団の「生態」に関わる主軸として発想した。必然的にその表現は地図によることになり、ユーラシアの地域構造を一目瞭然ならしめたところ、大きな貢献である（42頁**図4**）。

これだけでは時系列的な変化がみえにくいものの、梅棹は文章で「封建制」の有無をとりあげているから、その視点が欠落していたわけではない。じっさい「海洋史観」など、

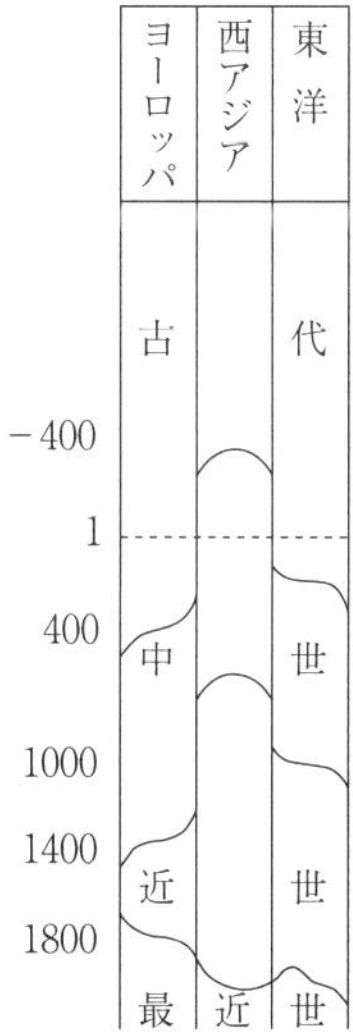

出典）宮崎 2015
図2　世界史略年表

少なからぬ改訂版・更新版を生み出した構想でもある。

ともに今から六十年も前の所説ではありながら、しかし歴史学の研究は、自然科学とは異なって、新しいほどよい、というわけではない。忘れられた先達の達成をしかるべく生かすのも、後進の義務であろう。

両者まったく異なるディシプリンとベクトルから組み立てた構想ではある。しかし期せずして、あい補う関係にあると同時に、通じる部分も多い。そこを手がかりにしてみよう。

†考察の端緒

まず共通しているのは、「東アジア」は日本列島・朝鮮半島・中国大陸だけではなりたたない、というごく単純な原理である。単純ながら、否、だからこそ、忘れがちなのだろうか。欧米だけではなく、ほかのアジアをも視野におさめ、各々を相対化し、相互に関連させる視座が、日本のみならず、多くの知識人に乏しい。

これは実は、アジアを知らない、知ろうとしないことの裏返しである。たとえば、過去の日本人が東洋史学や中国史学を尊重したのも、アジアを知ること自体が究極の目的だったわけではない。戦前を風靡した帝国主義・戦後の共産主義という、当時の流行思潮を投影したたけのことである。現今の日本人がグローバル化の主軸の欧米ばかりに目を向け、東洋史学・中国史学を尊重しなくなったのと、表裏一体の現象といってよい。

こうした通念を打破するには、複数のアジアを実体として位置づけ、組み合わせて考える視角を確立する必要がある。両者ともすでに、そこは着眼、実践ずみなのであった。

図2の宮崎の年表には、東アジアと西アジアしかないので、梅棹とは違う、という見方もできるかもしれない。しかし宮崎には別の論考があり、文字の排列法でほどこしたその地域区分（46頁**図5**）は、梅棹の「生態」的な区分（**図4**）とみごとに符節を合する。次節にくわしく紹介するとおり、東・西・南アジアの実体あるまとまりが構想できるし、しかもそれぞれ大いに異なる文化でありながら、同じ構造を有していることもみてとれる。

第二に共通するのは、日本と西欧とに独自の地位を与えている点である。前者はこれまた、宮崎の年表にでてこない地域だが、やはり別の論考で日本がアジアとかけ離れて後進的だと説いており、**図3**の年表がわかりやすい。日本を別世界だとした梅棹の所説と、やはり対応しているのである。宮崎が基準たるヨーロッパに独自別格の地位を与えたのも、日本と同じく西ヨーロッパを別世界とした梅棹に矛盾しない。

以上から世界史の舞台をなす地域構造は、まず梅棹の「生態史観」図をベースに考える

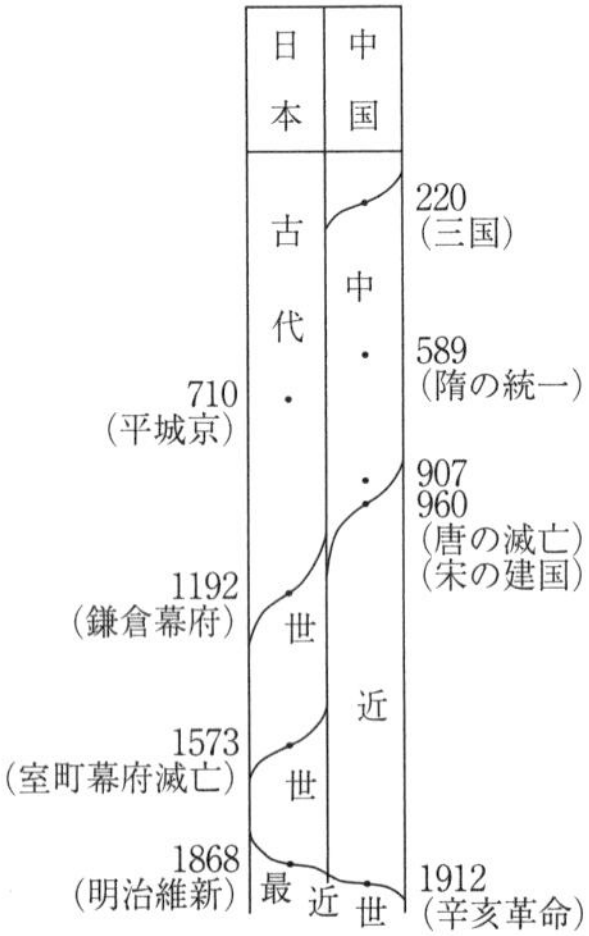

出典）宮崎 2015

図3　日中時代対照表

ことが可能になる（**図4**）。ここから考察をはじめていきたい。

アジアの地域構成

ユーラシアは巨大な大陸である。ということは、海岸線が比較的短く、広大な内陸地域がひろがっていることを意味する。しかもそれは一面フラットな平原ではない。容易に跋渉できない山谷もあれば、荒涼不毛な砂漠も存在する。人間集団の居住環境に鑑みれば、そうしたところが自ずから隔壁をなして、いくつかのまとまりあるエリアに分かたれる。それをあらわしたのが、**図4**梅棹地図の直線とローマ数字、Ⅰが東アジア、Ⅱが南アジア、Ⅳが西アジアである。

地図の中央はパミール高原、そこを交叉する実線が山脈にあたり、ユーラシア内部を分かつ境界をもなす。沿海のモンスーンの影響をうける地域は、湿潤気候であり、海岸から遠い内陸は、必然的に乾燥気候となり、その区別も線と塗り分けで施されている。つまりⅠ・Ⅱ・Ⅳの東・南・西アジアそれぞれのエリア内で、大なり小なり、湿潤気候の地域と乾燥気候の地域が併存する構造となっている。

自然地理上の気候が異なれば、当然に生態系も異なり、それに依存して生存する人間の生活様式もちがってくる。かくて人文地理的な経済・文化、そして政治のありようも互いに同じではない。

湿潤地域は農耕で穀物を生産して、生存をはかる定住生活を指向する。それに対し、乾燥地域は牧畜から生存の糧を得るべく、草原を求めて移動する遊牧生活となる。

かくて東・南・西アジアはともに、遊牧と農耕の二重複合世界となって、各々の内部で相剋と共存をくりひろげた。西欧と日本がこの地図の両端にはみ出ているのは、単に両者

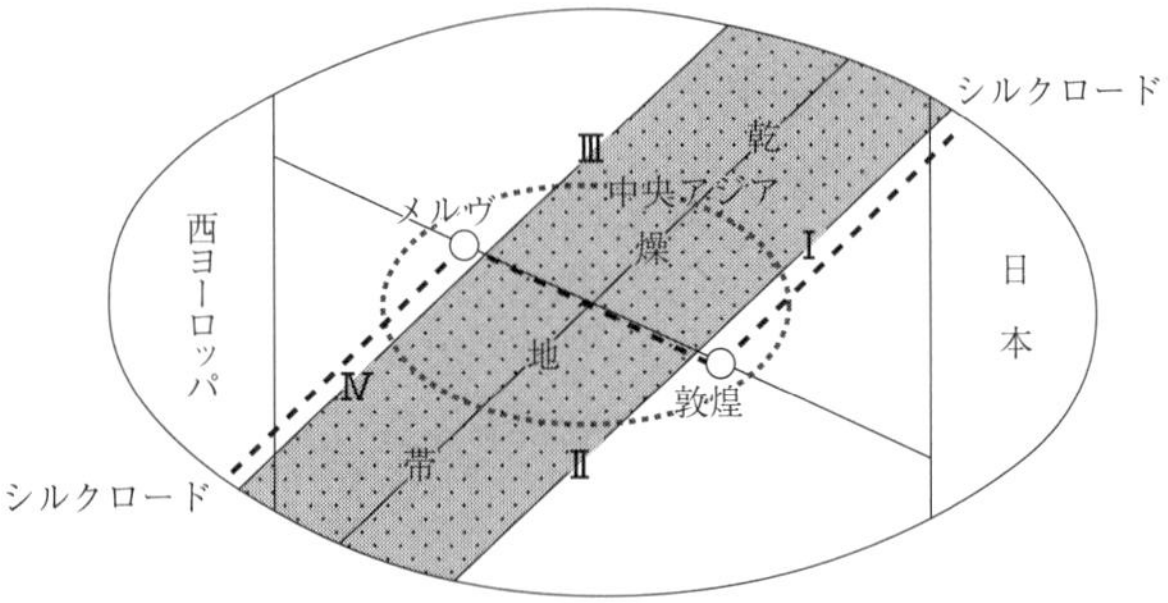

出典）梅棹 1974

図4　梅棹地図

が地理上、東西の端っこに突出して位置する、という理由からだけではない。Ⅰ・Ⅱ・Ⅳのような複合世界ではない、埒外の異境だという意味でもある。

したがって、ユーラシアのⅠ・Ⅱ・Ⅳの二重世界で展開した相剋と共存の歴史を、ヨーロッパを除外した「アジア史」と命名することが可能である。ほかならぬその相剋と共存こそ、アジア史の基本パターン、原動力をなし、それは日本史にも西洋史にも、存在しなかったものなのである。

†シルクロードとは何か

それならこのⅠ・Ⅱ・Ⅳは、それぞれ別個に孤立して存在していたのであろうか。おそらくそうではない。東・南・西のアジアを結びつけた紐帯も一つではあるまいが、その最たるものをあげよといわれれば、いわゆるシルクロードと答えるのが、やはり正解なのだろう。

この交通・商業の幹線がなぜそこに、このような形でできあがり、存在し続けたのかは、もとよりさまざまな解釈が可能であって、唯一無二の解答があるわけではない。しかし上に述べたところによっても、一つの解釈を導き出せる。

どんな世界史の教科書にも、シルクロードの図版は載せてある。けれども率直にいって、なぜこの径路をたどったのかは、それだけではわかりづらい。

シルクロードはちょうど、北の遊牧と南の農耕との境界線上に沿って、ユーラシアを貫通する。先の地図にそれを落としこむと、太い破線になろう。図の「乾燥地帯」を縦断する破線の周辺、囲った範囲が、俗に「中央アジア」と呼ぶ地域であり、東は敦煌より西はアム川の先のメルヴまで、オアシス都市が連なっていた。

遊牧と農耕はまったく別の生活様式であるから、産物も日用品も異なり、たがいに有無を通じ合わせやすい。つまりその境界で、取引交易の契機が生じ、商業というものが誕生発達する。

かくて各地のオアシス都市近辺にマーケットができ、その密度が高まってゆくと、その個々が横断的に連なってゆき、ついには交通の幹線と化した、とみることができよう。シ

©Alamy Stock Photo

シルクロードの遊牧民

ルクロードはしたがって、東西をはるかにつないだ道というよりは、各地の南北交易が東西に連鎖展開した、とみなすほうがいっそうふさわしい。

遊牧・農耕・商業。アジア史はこの三要素が交錯するところから出発する。

2 古代文明とアジア史の出発

†文明のはじまり

以上で地域の区分と構成が定まった。いよいよアジア史の叙述にとりかかることができる。

導入はやはり文明の曙、われわれが高校世界史を習ったころの、いわゆる「四大文明」であろうか。この枠組は始まりからして、多分に西欧中心史観・帝国主義が濃厚に混入した産物であった。近年では古文書学・考古学などの進歩によって、その既成概念は崩れつつある。慎重に留保をつける必要のある点は少なくない。世界史の教科書も、その称呼を載せなくなっている。

しかしそれなら、代わる枠組があるのか、といえばまだ存在しないであろう。教科書だって「四大文明」といわないだけで、オリエント・インダス・黄河の古代文明をまずとりあげる論法は、以前と大差ない。ミクロな精度は専門の研究にお任せしつつ、ここでは大づかみな展開、重視すべき論点のみを綴り合わせ、叙述をすすめてゆこう。

文明であれ文化であれ歴史であれ、文字が不可欠である。そこで古代文明といえば、人類ではじめて文字を有し記録を残し、歴史がたどれる世界だとの謂にほかならない。その文字のありようからわかるのは、古代文明の位置がここまで述べてきた趣旨と照応することである。

文字のありようとは、いわゆる「排列法」である。字面ほどいかめしいものではなく、文字を縦に上から下に書くのか、横に左から右、あるいは右から左に書くのか、というご

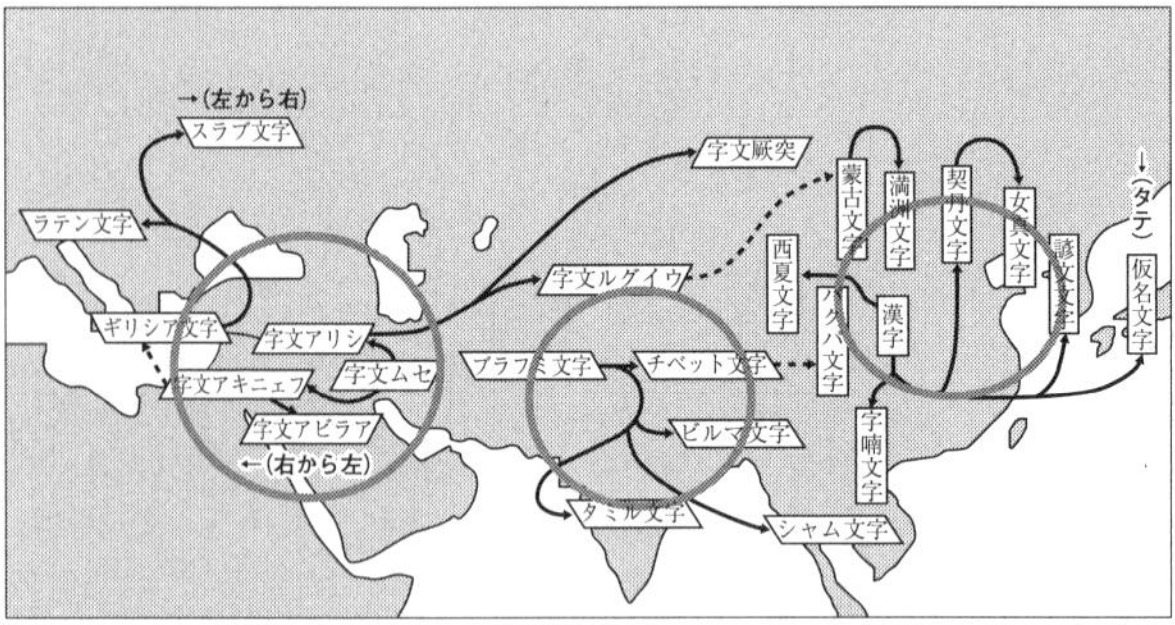

出典：宮崎 1998

図5　地域区分と文字の排列法

くシンプルな違いにすぎない。着眼した宮崎市定「歴史的地域と文字の排列法」は、

> 原来文字は右から書いても、左から書いても、上から書いても、どちらからでもよいものである。……そういう、どちらでもよい事が、どちらかに決定されているという厳然たる事実の中に……こそ、反って伝統が十分の威力を発揮している……（宮崎 1998）

という。そもそも「文字の排列法」が問題になるには、文字を有した世界でないと起こらない事態である。そこに「伝統」という枠組を形作って承け継ぐには、古くから文字が存在していなくてはならない。最終的に右から左の「排列」に落ち着いたオリエ

ントが、図4のⅣの西アジア、左から右のインダス文明がⅡの南アジア、上から下の黄河文明がⅠの東アジアにあたる。文明の曙までさかのぼっても、「生態」的な地域区分に一致するのであった。

†遊牧の位置

そうすると、まず思い浮かぶのは、そんな古代文明の起源はいったい何なのか、という問いである。それはもちろん、究極的につきとめるすべはあるまい。

しかし古代文明発祥の地は、大河のそば、水の豊かなところでありながら、周囲はほぼ乾燥地帯で、遊牧民との隣接地に位置する。これはオリエントも、南アジアのインダスも、東アジアの黄河も共通しており、どうやら古代文明の立地条件は、そうしたところにあるらしい。

だとすれば、遊牧民のプレゼンスを考えないわけにはいかない。温暖で水が豊かなら農耕ができ、富を蓄積できるので、遺跡の残る文明それ自体は、農耕定住民の手に成ったものである。ただし移動交通の活潑な遊牧民の存在・活動が近接していたから、農耕民はかれらと接触、交流せざるをえない。

そうした情況のなか、変化する局面に応じた集団・組織を結成運営してゆく上で、どうしても意思疎通・記録保存の手段をもたねばならなかった。必要は発明の母、そのため文字を生み出し、現在まで遺ったのではないだろうか。

生業が遊牧のみ、農耕のみで、互いに没交渉であるなら、たとえ組織を作ったにせよ、各々その内部で、同じ生活パターンを踏襲、くりかえし承け継いでいけばよい。口伝・習慣ですむので、おそらく文字記録は不要である。太古の遊牧民は文字を有さなかったし、文字のない農耕文明も少なくはない。

第二に思いあたるのは、そうした文明の外延がどんどん拡大していった事実である。それには広域におよぶ軍事力がなくてはならない。だとすれば、そこでも遊牧民のプレゼンスが問題になるだろう。

そもそも遊牧とは、牧畜に適した草原を求め、主として冬営地と夏営地を毎年ほぼ定期的に数度の移動をくりかえす生活様式である。内陸の長く厳しい冬を越す冬営地がとりわけ重要で、ここを共有する遊牧民が、「部族」「氏族」と呼ばれる集団を形づくった。

中央アジアで騎馬が普及したのが、およそ三千年前。馬の調教・駆使など、難しい技術を含むものの、かつてない移動速度をもたらした大発明である。戦争に転用すれば、機動力を飛躍的に高めて、包囲殲滅を可能とするから、一種の軍事革命でもあった。それが時代を動かすのは、やはり後世と同断である。

こうした騎乗技術の普及以後、遊牧集団は日常生活が即、軍事・遠征に転用できるようになっていた。牧民と兵士の区別はない。それだけ日常・平時が苛酷だという意味でもある。けれども非常時・戦時になれば、平時の生活集団がそっくりそのまま、騎馬軍団に変貌した。

これは生業上、耕地から遠く離れることができず、また平時と戦時がまったく様相を異にする定住の農耕民とは、まったく異なっている。

人口の多い農耕民が軍事力を編成した場合、兵数・物量や構築物で優越するから、個別の戦場・戦術で、騎馬軍団に勝ることは可能であろう。しかし軍事的に最も重要な機動性では、いかにしても劣ったし、また戦時態勢も長くは続かない。

したがって総合的には、騎馬軍団・遊牧世界の優位は動かなかった。それを阻んだのは気候、地勢といった自然のみである。遊牧民の騎馬軍に勝る軍事力は、地球上に存在しえなかったのであり、人為で形勢を動かすことは、永くかなわなかった。その転換は火器・動力を発明、利用した一六世紀の軍事革命まで待たねばならない。

梅棹忠夫は乾燥地帯・草原世界・遊牧民を「悪魔の巣」「破壊力の源」「猛烈な暴力」といい、その攻撃的・破壊的な側面を強調した（梅棹 1974）。これは何よりもまず、武力に卓越していた意味にほかならない。上に述べた軍事上の優位の側面である。

しかしそれだけで、すませるわけにはいかない。こうした物言いは、あくまで農耕定住民の立場からのものである。もとより季節的、断続的に掠奪・襲撃を受けてきた農耕世界であってみれば、そのように被害の記録をつらねるのは、当然だった。けれどもそれが事実として、常態だったかどうかは、一考の余地がある。

ニュースというものは、事故にせよ事件にせよ、異常事態を伝えるものである。歴史の記録として残るのも、そうしたたぐいが多い。ニュース記事だけが事実・現実だとすれば、われわれの社会は交通事故・殺人事件しかない、恐ろしい生活になってしまう。日常の営みはあたりまえのことであるから、当時の通例・常識・茶飯事は、いちいち記録しない。かえって史料に残りにくいのである。

だとすれば、遊牧民が攻撃や破壊の行為におよぶのは異常事態、そうしないほうが通常だった。ではそんな平時の関係はどうか。むしろそちらを問わねばならない。

遊牧民も日用品あるいは奢侈品が必要である。農耕世界からしか手に入らないものもあるだろう。その入手にあたって、まさか襲撃・強奪しか手段がなかったはずはない。相手も身構え、対抗する以上、それはコストがかかり、リスクのともなう行為になってしまう。だから武力攻撃ばかりしていたわけではあるまい。それはいわば最後の手段であって、もっとコストの低い方法があろう。

交換して入手すればよい。遊牧民は農耕世界にない馬や毛皮、乳酪品を有するから、交易が可能だし、生産に勝る農耕民は、なおさらである。そこに商業・商人の介在する余地があった。

ただし財産のやりとり、うけわたしをする交易には、古今東西、多かれ少なかれ、トラブルがつきものである。価格設定のくいちがい、債務の不履行をはじめ、詐欺や背任も往々にして免れない。

とりわけ物資に乏しい遊牧民の側に、交易の欲求と商人への依存度が高い。しかしそれも、決して一方的な依存ではなかった。商人のほうも交易にともなうトラブル・リスクを軽減するために、遊牧民の保護に頼ったからである。紛争を防ぎ収め、違背に対し制裁を加えるには、どうしても卓越した軍事力に控えてもらわなくてはならない。このように両者は、いわば相互補完の関係にあって、容易に結びついた。

これは以後の歴史でも、常にみられる構図であり、かくてできあがったのが、たとえばシルクロード上のキャラバン交易である。隊商は遊牧民と行動をともにし、移動が少なくない。そして農耕定住世界の傍らなら、大口の取引相手がおり、定着したマーケットができ、それが成長すれば、いよいよ大きな聚落となりうる。オアシス都市はたとえばその典型だが、それがさらに大きくなれば、政治組織を構成する。

†オリエント

こうして遊牧・商業・農耕の交叉するところに、文明が発祥した。古代文明いずれも立地条件からして、そうである。

このうち最古なのは、やはりオリエントである。文明は文字といったけれども、文字による記録と伝達、それにもとづく組織を必要とし、遺跡・史料などを現在にまで残しているのは、いわゆる古代国家であった。それが周辺の異種族・遊牧民と関わり合ってゆく。エジプト・シュメール・アッシリア・ペルシアと続く古代オリエントの国家興亡でおなじ

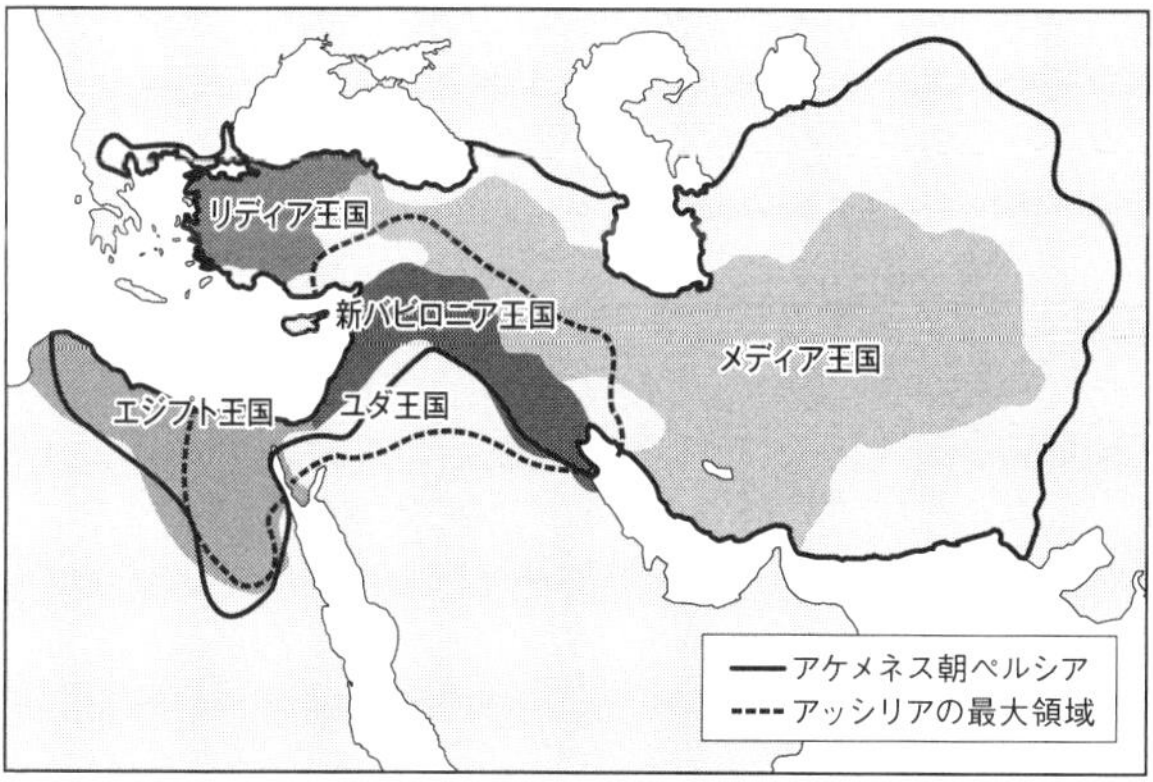

図6　オリエント諸国の興亡とアケメネス朝ペルシア

みだろう。どんな世界史の叙述でも、必ず劈頭に据えられる歴史にほかならない。

このロマンあふれる歴史は、しかしながら今の筆者には、その詳細に立ち入る余裕も力量も、ほとんど皆無である。オリエントの大まかな推移をたどった上で、西アジア以外にも関わってくる重大なポイントだけみておきたい。

第一にオリエントの文明圏・国家圏がどんどん拡大していることである。いうまでもないことながら、シュメール都市国家（前三〇〇〇年ころ）よりはアッカドが大きく、アッカドよりは古バビロニア、バビロニアよりはアッシリア帝国、と空間的な統治規模は、時間の経過とともに拡がっていった。

それは当然、それぞれ時期の前後はあれ、その範囲以上に文化が伝播、定着したことをも意味する。あいまって、オリエント文明が確立、普及したわけである。古代ペルシア帝国ないしアレクサンドロス王国にいたって、それは頂点に達した。

つぎにそうした拡大のなかで、おおむね地域のまとまりがはっきりしてきたことである。古代ペルシア帝国はオリエント全域を制覇したけれども、その前段階では、エジプト・リディア・メディア・バビロニアの諸国が並立していた。それぞれ、およそ現在のエジプト・アナトリア・シリア・イランに相当し、この並立する四大ブロックが、以後オリエント・西アジアという大地域を構成する中規模地域の単位として考えることができる。そうした多元的な諸地域の全体をまとめたのが、アケメネス朝ペルシア（前五五〇—前三三〇）だった。

†ギリシア・ローマ・インド

三百年の長命を保ったアケメネス朝は、広域多元世界を統治する範例を、後世のほかの世界に示した。それに取って代わったアレクサンドロス大王（前三五六—前三二三）は、東征してインド・中央アジアにまで達し、オリエント文明の東漸を促進した。

アレクサンドロス大王

ともすれば誤解しがちなのは、アレクサンドロスひいては古代ギリシアを、ペルシア・オリエントと対等に対立、対抗した存在とすることである。これはヘロドトスの『歴史』・ペルシア戦争を我流に解釈した西洋人の史観による誤謬とみてよい。

ギリシアの対立項というなら、それはペルシア帝国全体ではなく、その一部をなしたフェニキアであろう。ギリシアはフェニキアの強い影響下に成立して、東地中海の覇権を争った。アレクサンドロスもオリエント・ペルシアの後継者にすぎない。

西も同様である。初期ローマの対立項・ライバルは、ポエニ戦争でおなじみのカルタゴだった。ローマはフェニキアが拡大したカルタゴを打倒、その衣鉢をついで地中海に覇をとなえる。

そうすると、ギリシア・ローマもオリエントの外延拡大の産物にほかならない。フェニキア・ギリシア、およびその拡大たるローマ・カルタゴが一体となったのが、ローマ帝国であり、いわゆる地中海文明とは、オリエントの一部たるシリアの拡大、つまりオリエントの一部としてとらえるのが正当である。

だとすれば、これを独立の文明とみるわけにはいかない。いわんや地中海文明・ローマ帝国をヨーロッパの祖先ととらえるのも、誤解である。もっともそうした誤解が、ヨーロッパのアイデンティティとなり、以後の歴史を動かし、現代世界の礎になっている事実は、当時の客観的な史実とは別に認めなくてはならない。

ローマ帝国はオリエント文明が分裂した西半、エジプト・アナトリア・シリアで構成される。東半のイランの地は、パルティア・ササン朝（二二六—六五一）となった。アレクサンドロス王国解体からつづく一連のプロセスとみたほうがよい。

それなら、ほかの文明も同じように解釈することが可能である。インダス文明からマウリア朝の統一に至るインド文明の成立過程も、オリエントあるいはそこから分化したローマとほぼ同じ経過をたどっている。そもそもインド人もペルシア・イラン人も、同じくアーリア人であって、ともにオリエントからの波動をうけたのはまちがいない。

その間の事情は、インド起源のヒンドゥー教や仏教に、イラン文明・ゾロアスター教の痕跡が濃厚なところからみてとれる。オリエント・ペルシア・アレクサンドロス王国の東端が分離、自立し、発展していった形なのであって、以後もインド世界は、たえず西方から衝撃と影響を受けつづけた。

†中央アジアから中国へ

そんな東端は、インドだけではない。もうひとつ、アム川を越え、シル川との間に位置する中央アジアの中央部がある。この肥沃なオアシス地帯には、ゾロアスター教を奉ずるなど、イラン化したソグド人がつとに定着していた。そのためにこの地は、ソグディアナと称する。ここを足溜まりにして、さらにオリエント文明が東に伝播してできあがるのが、黄河文明だった。

近年の考古学の発達によって、中国の地には黄河文明のほか、長江文明など複数の文明が併存していたことがわかってきた。しかし最後の勝利者となって、以後の漢語圏の中核をなし、中国史の主流をなすのは、やはり黄河流域である。

ここは漢語でしばしば「中原《ちゅうげん》」と称する地域であって、今ではあるいは「華北」といったほうが、わかりやすいかもしれない。しかし「中原」とは中心地という意味で、その自意識が中国の歴史ではきわめて重要なので、ここでもその名称を使いたい。

中原は農耕地帯ながら乾燥気候であり、また地勢上も平原が多くを占め、遊牧民が容易にアクセスできる条件をそなえている。だからこそ遊牧民の侵攻を阻むため、万里の長城が必要だった。要するに、遊牧と農耕との境界、混淆地帯をなしており、オリエントと同じ立地条件である。春秋・戦国の諸国の分立争覇を経て、秦漢の統一に至るその歴史過程も、やはりオリエント・インドそっくりであった。

こうした中原とオリエントとのつながりに、はっきりとした物的証拠はない。しかしシルクロード・中央アジアの存在と役割を考えれば、無関係と考えるほうが不自然であろう。以後の歴史から類推しても、そうであって、中原の政権はいわゆる「西域」とのつながりを常に保とうとした。

アケメネス朝のオリエント統一から、秦始皇の中国統一まで、およそ三百年。これだけかかって、西・南・東のアジア史がようやく、足並みをそろえた。それぞれが同様のパターンを経て、全体の統一を遂げたのは、各々の構造に共通する基盤があったからである。では、その統一以後は、どうなってゆくのか。内部の史実経過におとらず、相互の関係がいっそう注目に値する。

3　「大移動」と古代文明の解体

†「滅亡」の時代

——ゲルマン民族の大移動で、ローマ帝国が滅んだ。

かれこれ四十年ほど前、筆者が中学校あたりで教わった歴史である。いまどう教えているのかは、寡聞にして知らない。

このテーゼは史実経過として、決してまちがってはいないだろう。しかし年齢を重ね、いろいろ歴史を読むと、あまりにも不十分な説明であることがわかってきた。

首をかしげる点は、いくつもある。一方の「ゲルマン民族」は、なぜ住んでいたところを棄てて、移住する必要があったのか。それはかれらだけだったのか。ほかに類似のことはなかったのか。

かたやローマのほうは、なぜ滅んでバラバラになったのか。たしか当時は、東西のローマ帝国があった。滅んだのは西ローマだけなのに、どうして「ローマ帝国の滅亡」というのか。そもそも、滅ぶとはどういうことなのか。これだけですでに、疑問百出である。

しかもそんな現象は、ユーラシアの東西で軌を一にしていた。西ローマ帝国の滅亡と同じころ、中国・中原でも、同様の四分五裂状態となっている。漢王朝が滅んで三国となり、いったんは再統合するものの、その後まもなく遊牧民が来襲した。では、こちらの滅びは、いかに解すればよいのか。

このように四世紀から五世紀は、ユーラシアの東も西も、滅亡と解体の時代であった。その動因が異種族・遊牧民の移動、攻撃だったことも共通している。それなら、こんな破局をもたらした要因は、いったい何だったのか。

†寒冷化

あげだせば、数えきれまい。直接の因果関係は時と場所、局面によってさまざまだろう。しかし最も普遍的で根本的なものを問うなら、その答えも近年はっきりしてきた。地球規模の気候変動、寒冷化である。

近年は逆の温暖化が問題になっているので、この種の気候変動は大なり小なり、実感で

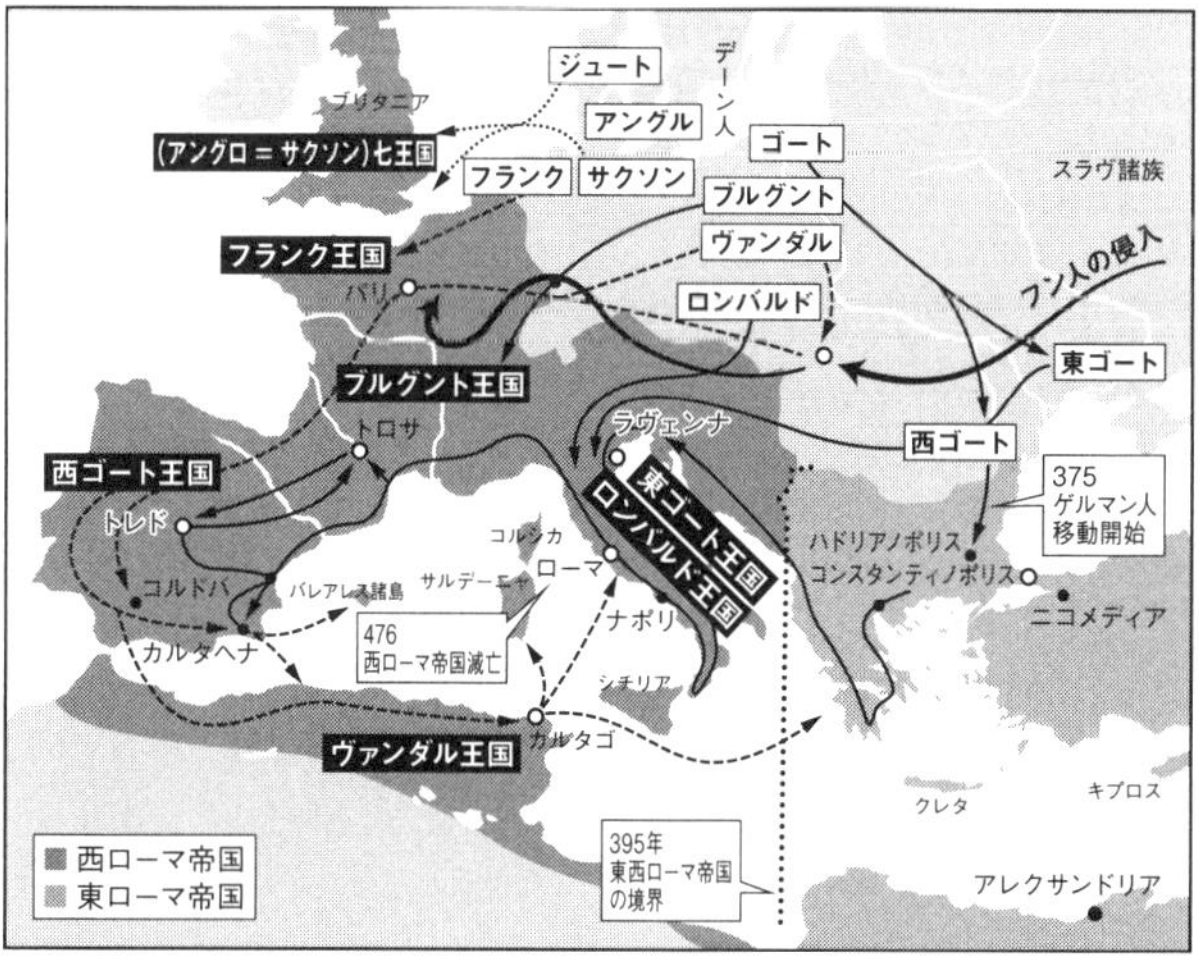

図7　民族大移動

きるだろう。寒暖いずれにしても、気候の変動による災害の誘発、生態系の動揺・崩潰が問題なのである。

寒冷化といっても、やはり所によって、その影響はさまざまである。温暖な地域が寒くなるのは、まだしも、なのかもしれない。もともと暖かい所の気温が下がっても、なお人間の生存に関わらないからである。それでも冷害など、農耕・生産に対する影響は少なくない。長期にわたれば、事態は深刻さを増してくる。

寒冷地になれば、なおさらである。寒いところがいっそう寒冷化しては、生命活動が往々にしてたちゆかない。それまでかろうじて生育していた作物や草原が、烏有に帰してしまうこともあろう。疫病も流行りやすくなる。もはや人間の生存に関わる事態であった。遊牧民であれ農耕民であれ、まず内陸の寒冷地帯に暮らす人々が、生き延びるため、少しでも温暖な地に移動、移住する。「民族大移動」のはるか以前から、ゲルマン人は多くローマ帝国内部に移り住んでいた。もとより流浪したのは、かれらに限らない。「民族大移動」とはもとの住地を逐われた集団難民が武装したまま、ローマ帝国に入り、力づくで転々と住地を変えたことをいう。それは遠く東方から、遊牧民のフン人が移動、襲撃してきたことでひきおこされた、いわば玉突き現象だった。しかし長駆移動したのは、フンだけではない。寒冷化に苦しむ誰も動機があった。

したがって「大移動」は決して、この時だけに限らない。北方や内陸からの移動は、以後もくりかえし絶えなかった。ヨーロッパだけに限ってみても、東方のスラヴ・アヴァール・マジャール、北方のノルマンがよく知られたところだし、いっそう東の中央アジア・東アジアの遊牧民も、後述するとおりである。いずれも元来は生存を求めての、やむにやまれぬ行動であった。

†新しい体制

かくて遊牧世界では生活の危機、農耕世界では生産の減少が生じる。もちろん互いの関係にも、安定を欠くようになってきた。もちろん両者の生産物の交換を基幹とする商業も、それにともなって衰退せざるをえない。必然的に乏しい物資をめぐって、紛争も多発する。だから影響は遊牧・農耕の両世界にまたがっている。寒冷化のダメージから、遊牧世界は移動・襲撃、あるいは移住・難民が避けられなかった。農耕世界のほうでも流亡・移入を受けとめるべく、生産力の低下を防がなくてはならなかったし、多発する紛争にも対処する必要がある。

そこで下は労働形態から、上は権力構成にいたるまで、社会も変容せざるをえない。生産を少しでも増やすべく、人力を強制的にでも動員して、開墾・耕作をすすめる必要が生じた。またそのために、在地有力者の権力が個別的に伸長してゆく。政治的な分立抗争がこうして、いよいよ起こりやすい社会情勢になっていった。

古代文明はかつて遊牧（軍事）・農耕（生産）・商業（交換）の三者が、組み合わさってできあがっていた。気候の寒冷化はそのバランスを崩したのであって、既存の文明は必然的に、その構成を変えざるをえない。

「民族大移動」とは、そうした過程を象徴する現象の一齣であった。古代帝国と称する広

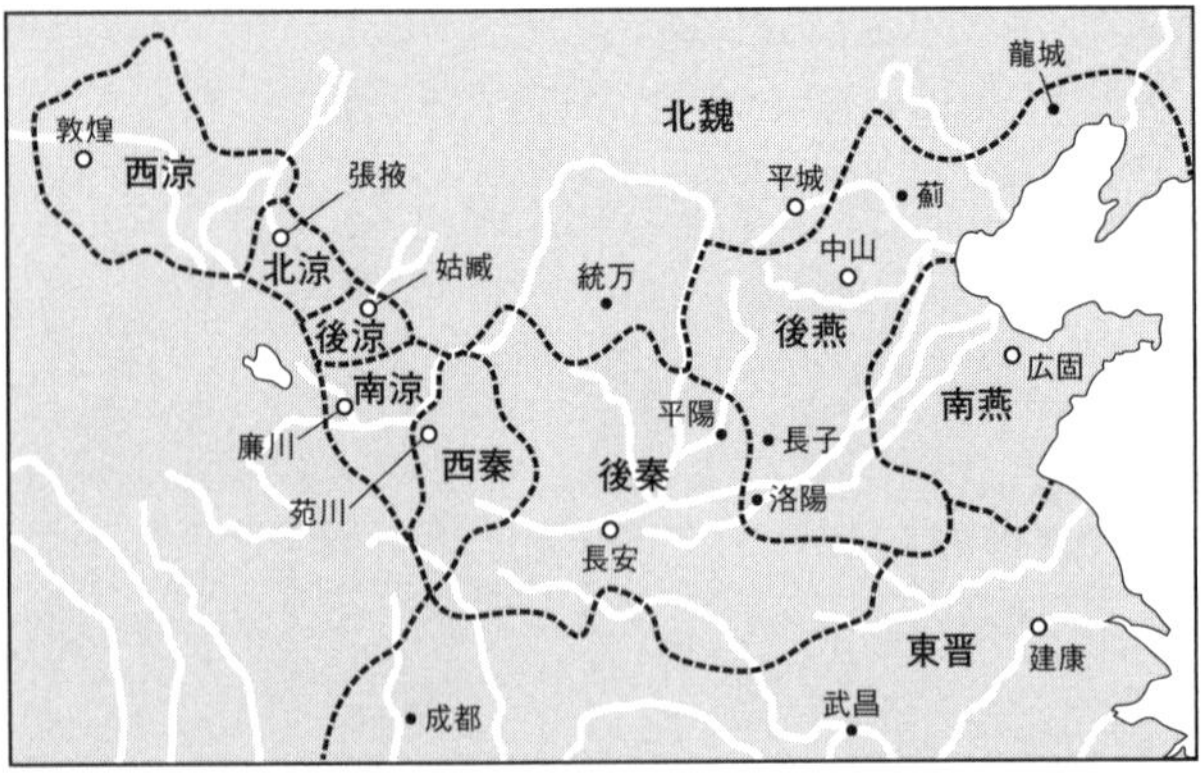

図 8　中原の解体（4 世紀末）

域政権が、いわゆる滅亡解体の運命をたどったのも、その構造変化が発現した経過だとみたほうがよい。

オリエントはアレクサンドロス没後からすでに、シリア以西の地中海世界とイランを中心とする東方のエリアとに分かれている。ローマ帝国とパルティアがつとに対立抗争を続けていたし、各々の内部でも割拠する傾向が顕著であった。その趨勢は四世紀以降、東ローマとササン朝ペルシアの対峙となって、さらに継続してゆく。

それでも元来の文明が古く、気候も温暖なオリエントは、寒冷化のダメージがなお深刻ではなく、軍事・生産・交換の均衡が大きくは損なわれなかったのだろう。社会的な難民も、政治的な分立も、さほど顕著にはなっていない。シリア・エジプトをはさんで対峙したササン朝も東ローマも、政情・経済ともそれなりに安定していた。当時もっとも先進的な地域だった、という説もある。経済的に計量比較するすべはないものの、そう考えてまちがいあるまい。

その意味で、寒冷化がひきおこした打撃の最も大きかったのは、オリエントから遠い寒冷な地を占め、なお後進的な旧西ローマと中原だったかもしれない。逆にその両者が、当時の世界が直面した危機の典型をなすともいえよう。

とりわけ「大移動」の衝撃を被った東西の農耕世界では、なるべく荒廃地を減らすため、収容した流民を土地に縛りつけて耕作させる方法が一般化した。厳しい環境のもと、労力を最大限に生かそうとするねらいである。これがヨーロッパでは、いわゆる封建制につながり、東アジアでは均田制となった。成形化した具体的な制度は異なりながらも、土地と労働の結びつきを緊密化させる方法原理で、東西さして大差なかったといってよい。

†宗教・信仰の時代

生活に安定を欠き、生存を脅かされた人間が頼りにするのは、今も昔もいわゆる宗教・

信仰である。それは個人の精神・モラル・生活のよりどころとなるばかりではない。個々人が暮らしてゆくのに、社会と無縁ではありえないから、宗教・信仰の活動は必然的に社会秩序を形づくり、保ってゆく役割をも担う。

したがって、時代をさかのぼればさかのぼるほど、それは政治的な統治機能をも兼ね備えていた。和語でも「まつりごと」といいならわすとおりである。平穏無事な時期でさえ、そうである。ましてや危機の時代、いよいよ人々が信仰にすがる気運は、高まらざるをえない。

かつて栄えた古代文明は、気候変動とそれがひきおこした動乱でゆきづまってしまった。政治・経済の変革とあわせ、その後の時代をささえたもう一方の柱は、そうした宗教・信仰の刷新である。キリスト教・仏教など、いわゆる「世界宗教」が定着したのは、まさにこの時代、時機の一致は決して偶然ではない。そしてその掉尾を飾って、さらに新しい時代を切り開いたのが、イスラームだった。

宗教・信仰が社会秩序をささえるものであるとすれば、古代文明が広域政権を形づくった時、それに見合う宗教がすでにはじまっているはずであり、事実そうであった。オリエント・ペルシアではゾロアスター教、インドではバラモン・原始仏教、中国・中原は儒教である。ただし、いずれも「世界宗教」に数えないところに注意しなければならない。

†「世界宗教」?

このうち最も古く、また広汎に展開したのは、古代ペルシアのゾロアスター教であった。その信仰が西はローマから東はインドにまで拡がっていたことは、のちの仏教・キリスト教にその痕跡が色濃く残っていることでわかる。また正統的なゾロアスター教のみならず、その流れを汲むミトラ神信仰や新興のマニ教もふくめれば、中央アジア・東アジアにも及んでいて、まさにユーラシア規模の拡がりだった。オリエント・イランの文明が普及、分派し、他の文明を作っていった経過が、ここからもみてとれよう。その善悪二元的な世界観は、ユダヤ教・キリスト教のベースでもあって、西方思想の水源をなしたのである。

しかしゾロアスター教はけっきょく、前代に見合った産物だったのか、政治的・経済的な環境・条件のかわった異質な時代になると、秩序の再建に資するものとして適合しなかった。マニ教はじめ、多くの分派、あるいは異端を輩出したことも、時代の進展にかなおうとする模索だったのかもしれない。

そして、いっそう広汎に普及してゆく宗教が、新たに生まれた。それを現代のわれわれは、「世界宗教」と称している。

キリスト教は「世界宗教」の最たるものである。というよりも、「宗教」「世界」という概念がそもそも西洋近代のもので、ヨーロッパ中心主義の産物にほかならない。近代になって西欧キリスト教、つまりカトリック・プロテスタントをそう定義し、同じく「民族」を越えて普及した仏教・イスラームをもひっくるめただけである。したがって本稿の趣旨からすれば、あまり使いたくない概念ではあるものの、ほかに適当な呼称もないので、さしあたってこう呼ばざるをえない。

しかしそう考えてみれば、いわゆる「世界宗教」は、オリエント・南アジアで生まれ、東西にひろまった。いずれもアジア史の産物にほかならない。それを西洋中心主義で定義づけているのだから、皮肉であると同時に、誤解も生じる。そうした定義にとらわれず、その役割と位置づけをみなくてはならないだろう。

†キリスト教とローマ・オリエント

キリスト教はシリア・ユダヤというオリエントの中心で生まれたものである。そこをローマ帝国が統治していたがために、キリスト教はまず、オリエント西半のその統治範囲にひろがっていった。

だから当初の信徒は当然、大多数がローマ帝国東方・オリエントの居住民である。そして帝国全体の政治的な重心も、当時は文化的・経済的に進んだ東方に移っていた。そうした中で四世紀の初め、キリスト教を公認したのは、コンスタンティヌス帝（二七二―三三七）である。そのかれがまもなく新ローマ・コンスタンティノポリスを建設したのも、社会と政治の現状に応じたものだった。

さらに視野をひろげてみるなら、キリスト教ローマ帝国が、ゾロアスター教で純化していたササン朝ペルシアと並び対峙していた趨勢である。オリエント分立の情況を宗教の面で裏づけた、という構図で考えるほうがよい。

コンスタンティヌス帝

もちろんかつての帝都ローマにも教会は存在していたし、そこは西ローマ皇帝が統治した。しかし「民族大移動」のなか、西ローマの帝系が絶え、なおかつローマ教会が存続したことで、旧西ローマの地は異なる道を歩む。

したがってローマ・キリスト教の正統というなら、

それは少なくとも当初は、オリエントの中心に近い東ローマに存した。ここを履き違えてはならない。キリスト教といえば、とりもなおさずローマ教会・カトリック、あるいは欧米のものだとみてしまうのは、それこそ西欧中心主義の先入主であろう。もちろんそう見なされるだけの歴史過程は、まちがいなく存在するけれども、はるか後世に相当することだから、後述に譲らなくてはならない。

だとすれば、ササン朝の古きゾロアスター教はもとより、新しき東ローマの正統キリスト教も、オリエントの全域を覆うことはかなわず、次代の世界秩序を担う資格はなかったことになる。アジア史の観点からは、そう結論づけざるをえない。もはやペルシアでもローマでもない、両者を包括する別の信仰と秩序が待たれていたといえよう。くれぐれもカトリック・プロテスタント中心の「世界宗教」という概念にまどわされてはならない。

†東アジアの仏教

東に目を転じよう。時期はキリスト教の成立・伝播とほぼ並行する。よく知られるように、仏教は紀元前五世紀、インドに発祥したものであり、教義の解釈によって、当初の原始仏教から数々のバリエーションが生じた。マウリア朝の昔より、スリランカから東南ア

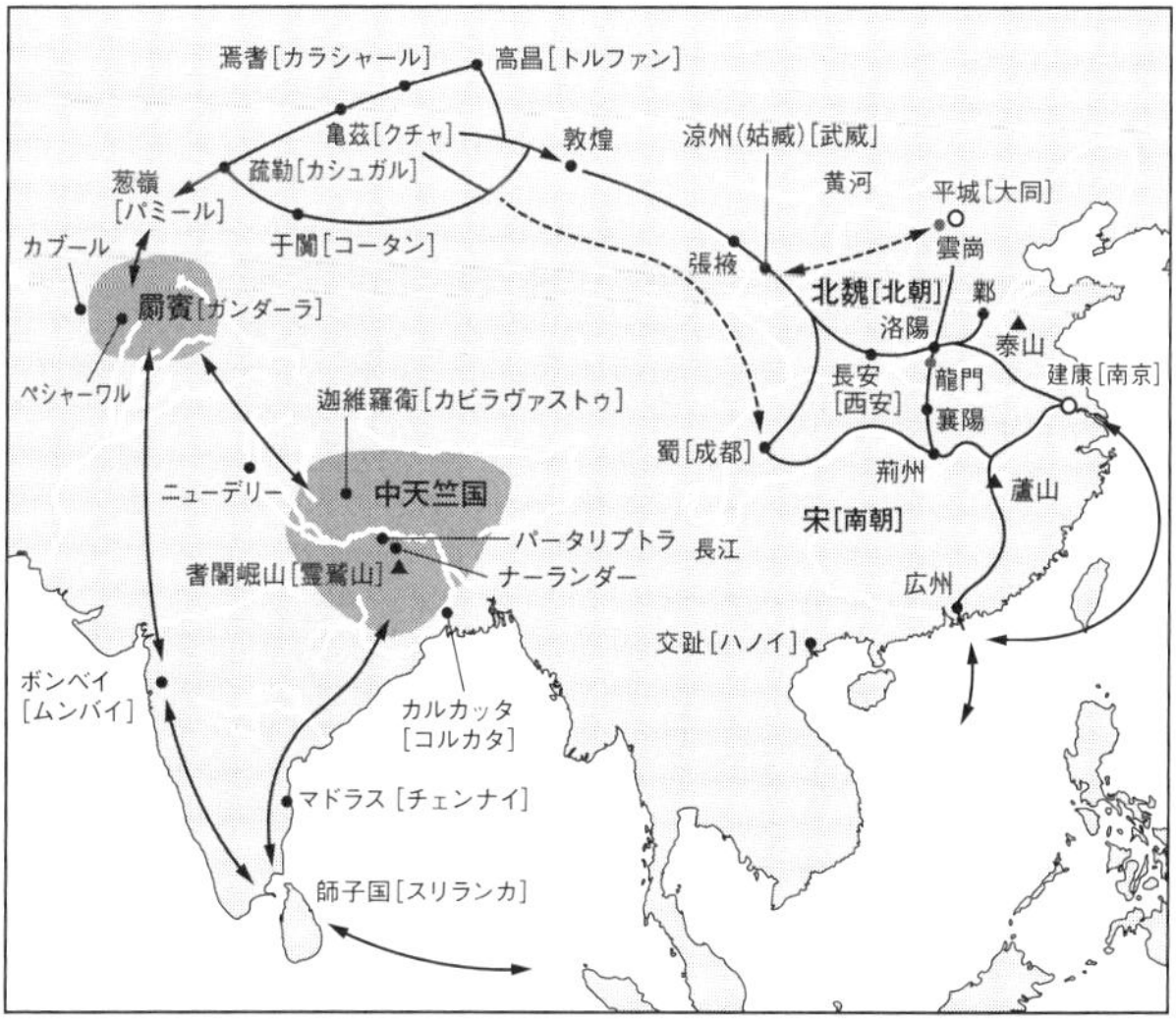

図9　仏教の伝来

ジアに伝わり、定着した上座部仏教は、いまも大きな勢力を保っている。しかしこの危機の時代に着目すべきは、その後の北伝、いわゆる大乗仏教が東アジアに伝来、普及したことである（**図9**）。

この大乗仏教は、上座部仏教のように出家者個人の解脱に重きを置くのではなく、むしろ衆生の救済を説く宗派である。紀元前後に成立してから、たちまち現在のアフガニスタンから中央アジア、つまりいわゆるシルクロードを経て、中国に伝わった。後には朝鮮半島・日本列島にも及んでいる。そのことは、単なる信仰の問題にとどまらない、東アジアすべての命運に関わる重大事件であった。

中国・中原では、土俗的な倫理道徳としてつとに儒教が存在しており、漢王朝にいたって優位をしめた。そこに伝わったのが、この

玄奘三蔵

仏教である。その広汎さ・精妙さ・深奥さは、リアルな人間関係にもとづく教義しか持たぬ儒教など、及びもつかない。

大乗仏教は漢王朝が倒潰し、政権が解体してゆく三世紀以降、急速に普及していった。あいついで訪れた危機に直面する人々を新しい仏教がとらえたのも、無理からぬところである。

しかし中原・中国では、すでに儒教の教義・経典が、人々の思考と言語の枠組を作ってしまっていた。いわゆる漢語・漢文である。そこに仏教を注ぎ込むには、仏典の漢訳が不可避であって、大がかりな翻訳事業がはじまった。五世紀の鳩摩羅什《クマーラジーヴァ》（三四四―四一三）や七世紀の玄奘三蔵（六〇二―六四）の訳業は、ことに著名である。

現代日本人にとっても、仏典は葬儀や法事、写経などで、とてもなじみ深い。「お経」

はすべて漢字で記してあり、「縁起」「世界」「煩悩」など、その語彙は日々の生活に溶けこんでもいる。こうしたわれわれにごくあたりまえのことは、実にすべてこの時からはじまった。

インドの仏典《スートラ》は、かくて言語的にも文化的にもまったく異なっていた中国にもたらされ、受け容れられる。もちろんサンスクリットなど、インドの言語そのままでは不可能であった。これを漢字に置き換え、漢語で思考し伝承することで、大乗仏教が東アジア漢語圏の血肉と化してゆく。

中国では五世紀あたりから、この仏教イデオロギーで秩序を構築しようとする動きが顕著となってくる。時に南北朝、並び立った中原と江南の政権は、競って仏教を信奉した。世界遺産の雄大な雲崗の石窟も、「南朝四百八十寺《しひやくはつしんじ》」という人口に膾炙した唐詩のフレーズも、これに関わっている。

そしてそれは四分五裂した中国・東アジアに、新たな展開をもたらす原動力の一つをなしていった。ほかならぬ日本の黎明も、その一齣である。

第Ⅱ章　流動化の世紀

1 東と西の再統一

†優越するオリエント

東の中原・西の西ローマが四分五裂に至った五世紀から六世紀の世界。その重心は前代と同様、やはりオリエントにある。当時そこでは、最先進国ともいっていい東ローマとリサン朝が東西に分立し、譲らぬ横綱相撲をくりひろげていた。

最盛期も両者、ほぼ時を同じくしている。東ローマはユスティニアヌス帝（四八三～五六五）の御代、ローマ法大全を編纂し、キリスト教の普及と異教・異端の排除をすすめて、国内体制を整備した。それと同時に、対外的にもゲルマン人の手に落ちていたイタリア・アフリカなどを征服し、ほぼ旧時のローマ帝国の規模を回復、地中海世界の統一を再現している。この事業はのちのイスラームの地中海制覇に先駆けたものだった。

しかし以上は、東の脅威を顧慮しなくてもよかったからこそ、なしえた事業であった。

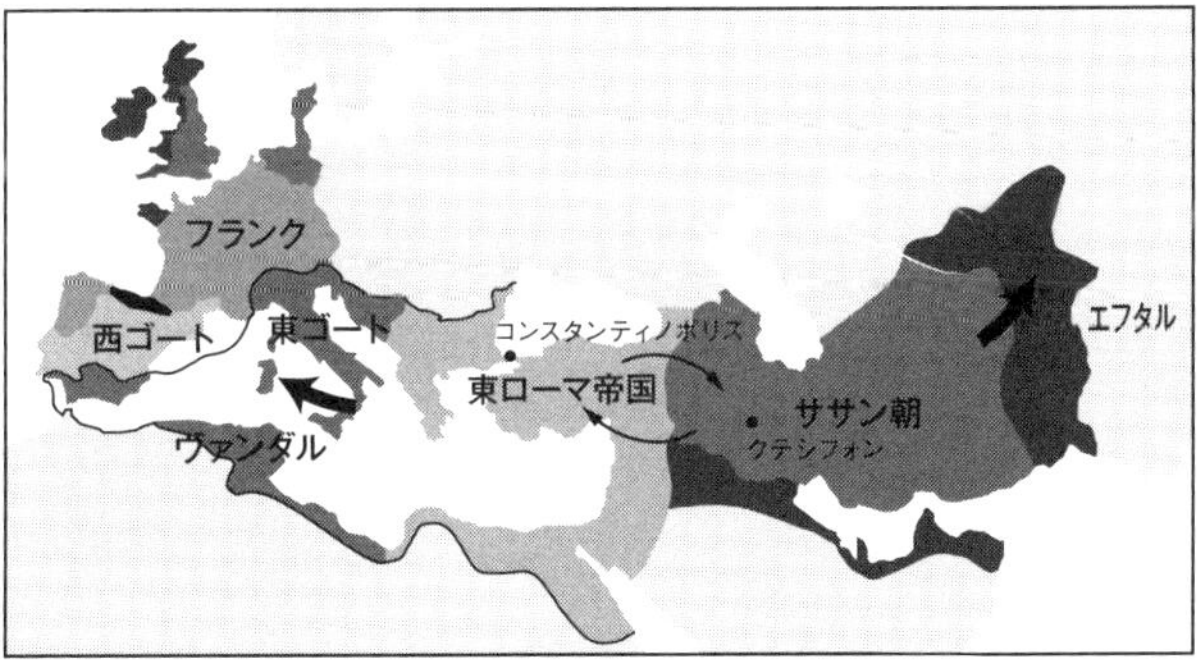

図10　オリエントの分立と拡大

ユスティニアヌスは東に隣接するササン朝に歳幣を支払って、平和を購っていたからである。ササン朝は東ローマにとって、それほどの脅威だった。ちょうどホスロー一世（五〇一－五七九）の治世、やはり全盛を迎えていたのである。

ホスロー一世の統治も、方針はユスティニアヌスと軌を一にしている。ゾロアスター教の信仰組織を再編整備、マニ教につづく新興のマズダク教など異教を抑圧し、さらに軍制の改革をすすめて、国内秩序をととのえた。また対外的には、東方の中央アジアで勢力を伸ばし北インドも支配していたエフタルを滅ぼしたのである。

以上はユスティニアヌスの西征と一対をなす事業だった。ホスロー一世もやはり東ローマとの和睦で、後顧の憂いなく東方の経略が可能になったわけである。とすれば、やはりこれも、はるか後のイスラームの中央アジア制覇の先蹤をなすものといってよい。

このようにペルシアとローマは、それぞれ東隣・西隣に拡張を果たした（**図10**）。オリエントの優位をみせつけたといって過言ではない。

しかしそれも、両者が平和な関係にあったればこそ、である。まもなく双方の君主後継問題がこじれて、その平和は破れ、東西に向かっていた各々の鋒先が一八〇度転回した。

時に七世紀の初め。東ローマはクーデタで帝位に即いたヘラクレイオス（五七五頃―六四一）、かたやササン朝はホスロー一世の孫・ホスロー二世（五七〇頃―六二八）、両者が二十年以上、死闘をくりかえしている。当初はササン朝が優勢であった。六二一年、久し

ユスティニアヌス

ホスロー１世

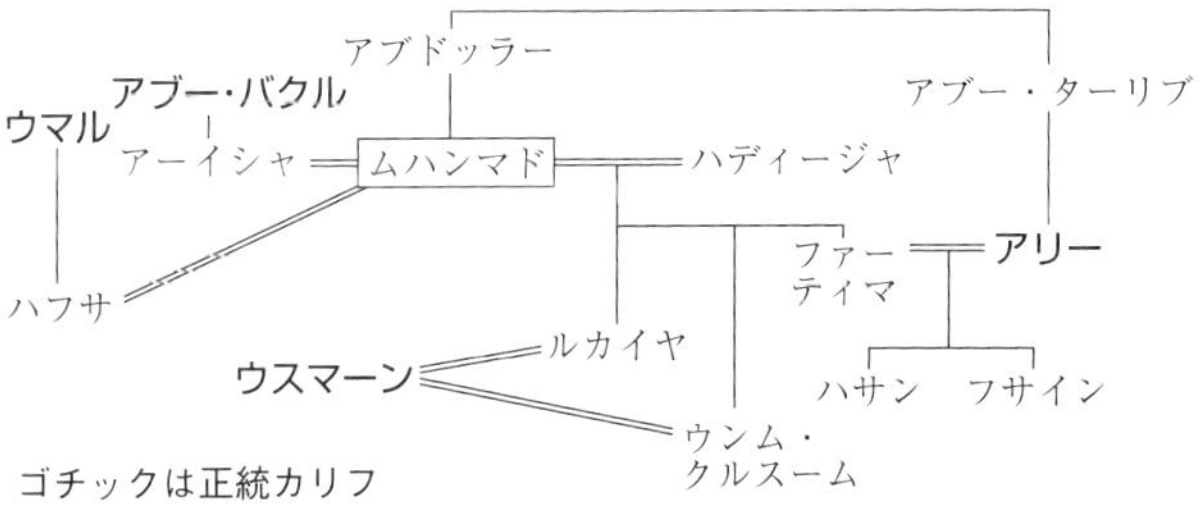

ゴチックは正統カリフ

図11　ムハンマド一家系図

くローマに属したシリア・エジプト、そしてアナトリアまで占領し、かつてオリエントを統一した古代アケメネス朝の規模回復を現出してみせたのである。

しかしまもなく、東ローマも反撃に転ずる。ヘラクレイオスは親征を決行し、六二七年にニネヴェでササン朝軍をやぶると、そのまま首都クテシフォンに迫った。翌年、ホスローニ世は孫のヤズデギルド三世（?―六五一）に弑され、ササン朝は城下の盟を余儀なくされる。

†イスラームの登場と席巻

オリエント東西の横綱相撲は、このようにシリア・エジプトを争奪するシーソーゲームだった。ササン朝が圧倒しかけた最終局面でも、東ローマが挽回して相譲らない。双方とも疲弊しきっていた。

その南方にひろがるアラビア半島、いまも遊牧生活をつづける人々が暮らす砂漠の地である。そこに世界史を大転回させる動きが起こりつつあった。いかに砂漠が多いといっても、不毛一色ではない。この地はすでにササン朝が、五世紀前後から鉱山開発などのために入植をすすめていた。隊商も行き交い、マーケットができ、もちろん聚落も存在する。

とくに東ローマとササン朝の交戦が劇化すると、商業路は境界地帯を南に迂回し、こちらがかえって繁昌した。メッカはそんな商業都市の一つである。

ムハンマド（五七〇頃―六三二）はそのメッカ有数の名門商家の一人だった。かれが六一〇年、唯一神の啓示を受けて、となえた教えがイスラーム。ムハンマドは預言者として布教をすすめ、妻のハディージャ（五五五？―六一九）、いとこのアリー（六〇〇頃―六六一）、友人のアブー・バクル（五七三頃―六三四）、ウマル（？―六四四）らが次々と入信した。

しかし多神教の聖地メッカの有力者が、信徒のムスリムに迫害を加えたため、ムハンマドは六二二年、かれらとともにメッカを脱出、かねて招かれていたヤスリブに移った。いわゆる「聖遷《ヒジュラ》」である。ヤスリブは「預言者の町《メディーナ・アン＝ナビー》」、略してメディーナとよばれた。

ムハンマドは六三〇年、故郷のメッカを陥落させ、アラビア半島を統一、その二年後に逝去した。イスラームの勃興はあたかも、ササン朝と東ローマが死闘していた時期にあた

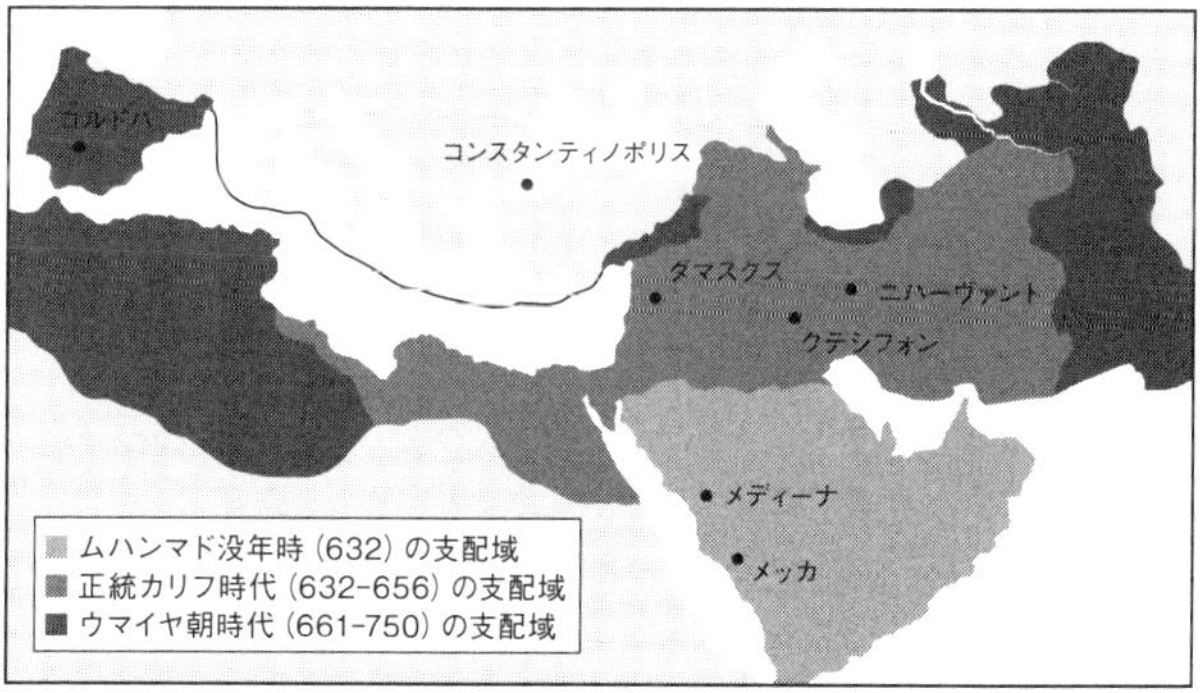

イスラームはササン朝を併呑し、東ローマの大半を奪った。この図を**図10**とつきあわせれば、イスラームが東西に分立、拡大していたオリエントを、ほぼ一つにまとめたことがわかる。

図12　イスラームの発展とオリエントの統合

り、その間隙をついたものである。

ムハンマドの事業をついだのは、アブー・バクルやウマルら、預言者の「代理人《ハリーファ》」、いわゆるカリフである。とりわけ第二代カリフのウマルは、ヒジュラ紀元を定め、のちにシャリーア、つまりイスラーム法となる法制をまとめるなど、統治の枠組を定めて内政を整備したばかりでなく、疲弊しきった東ローマ・ササン朝に遠征軍を出して、アラブの大征服を指導した。

まず六三五年から翌年にかけてシリアを、六四二年にはエジプトを征服する。ヘラクレイオス帝がササン朝から獲た勝利は、こうして十年の後に、けっきょく烏有に帰した。心臓部のオリエントを失った東ローマは、バルカンとアナトリアのみの地方政権と化した。

ライバルのササン朝の運命は、いっそう悲惨だった。イスラームはシリアの征服後、東方に軍をすすめ、六三七年にクテシフォンを占領する。六四二年、エジプト征服につづいてイラン高原に進攻し、首都から脱したヤズデギルド三世がこぞったササン朝軍をニハーヴァンドで撃破、これで事実上ササン朝は滅亡した。ヤズデギルド三世は東に敗走、ホラーサーンのメルヴまで逃れたものの、六五一年に殺害され、君位も断絶にいたる。

✝オリエントの再統一

イスラームはさらに拡大をつづける。ウマルの死後、いわゆる正統カリフが絶え、後を襲ったウマイヤ朝は、統治の本拠をシリア・ダマスクスに置いた。シリアはオリエントの商業中心地、シルクロードの西のターミナルであると同時に、地中海への出入口でもある。それまで陸を征服する「聖戦《ジハード》」にかぎっていたムスリムたちは、ついに地中海の経略にのりだした。

東ローマの危機は必至である。帝都コンスタンティノポリスとその周辺、エーゲ海・アドリア海はかろうじて死守した。けれども属領のアフリカ・イベリア半島を失い、それにともなって、地中海の制海権もイスラームの手に落ちる。キリスト教徒は板一枚浮かべられなくなった、とまで称せられた。

以上の史実をわれわれは、もともとローマ（＝キリスト教徒＝ヨーロッパ人）の内海だった地中海が、ムスリムに奪われた、とみなしがちである。それはしかし、西欧中心史観というべきだろう。

歴史的にいって、シリアと地中海は不可分である。ギリシア・ローマもフェニキア・シリアが拡大してできたものだから、元来はオリエントの一部だった。それがアレクサンドロス死去以後、シリア以西が東のペルシアと袂を分かったので、いわゆる地中海世界も分立することになったわけである。

だとすれば、イスラームの地中海制覇とは、地中海世界がようやく東のオリエントに回帰し、分かれていた東西が統合したことを意味する。千年の間、分立と拡大を続けたオリエントが、イスラームのもと、再統一を果たした事象とみるほうがよい。

もちろんキリスト教のローマが頑強に生きのびた事実は、のちに重大な意味をもってくる。そこを見のがせないのは当然ながら、だからといって、地中海の当時の位地を履き違えてはならない。

†イスラームの定着

イスラームは「聖戦《ジハード》」をとなえ、武力で拡大したものではある。しかしすべてが力づくだったはずはない。オリエントの広汎な範囲で受け容れられ、キリスト教・ゾロアスター教など、雑多な既存の信仰とモラルを塗り替えて、一つの秩序体系にまとめていった。その事実は重要である。

キリスト教や仏教と同じく、イスラームの教義に深く立ち入る暇はない。ただ概略のみいえば、偶像崇拝を否定し、奇蹟を説かないなど、当時としては最も合理的な教えだったし、唯一神《アッラー》の前ではみな平等な同胞で、聖俗の区別もなく、位階の差別もなかった。こうした人道的な共同体の形成によって、清新なモラルを供給し、厳格な規律を維持しえたのである。イスラームがオリエントの人々にとって、既存の諸宗教を凌駕する魅力があったことは確かであろう。

さもなくば、このようにまたたく間にひろがることもなかっただろうし、現在にいたるまで定着してはいまい。その意味では、イスラームはまさに当時、全オリエントの輿望をになって出現した、広域世界を覆いうる普遍的な秩序体系だったといえよう。

ほかの既成宗教がそうであったように、イスラームも言語・信仰・儀礼・政治、あらゆる方面に及んで、信徒結束の紐帯となった。それは今も大なり小なり続いて、ごく日常のローカルな生活範囲から、戦時をふくめた対外関係までをも規定している。

最も基本的なレベルを例にとるのが、わかりやすいだろうか。経典のコーランがアラビア語の記載によることから、とりわけ文字・書記言語は、その影響が決定的だった。オリエントで文字の排列法が、最終的に右からの横書きに定まったのも、この時である。それに対し、イスラームの手の及ばなかった西方では、キリスト教によって左からの横書きが定着したのである。

†中央アジアの位置

北アフリカを席巻したイスラームは、イベリア半島にすすみ、その地を以後、数百年にわたり統治に組み入れた。しかしピレネーを越え、なおも北上を続けるムスリム軍は、七三二年、トゥール・ポワティエ間でフランク王国に敗退する。ピレネー以北はこうして、キリスト教世界がどうにか死守、確保した。

このように西では、コンスタンティノポリスとピレネーを抜くことができなかったイスラームは、東方でもアム川を越えては浸透できなかった。そこが東進の臨界をなす。こうしてイスラーム圏の範囲も、ひとまず定まった。

その向こうの中央アジアには、イラン系のソグド人が盤踞している。中央アジア、当時のいわゆるソグディアナは、シルクロードの中核部、オアシス都市が数珠つなぎになった世界有数の商業地帯である。そこに住むソグド人は、東西のひろい範囲で商業に従事し、財を成してきた。いわば当時の世界経済を掌握した人々である。

そんなソグディアナを軍事的・政治的に支配したのが、東から勢力を伸ばしてきた突厥《テュルク》である。かつてササン朝が中央アジアのエフタルを打倒したとき、提携した相手だった。名前のとおり、トルコ系の遊牧民である。

このソグドと突厥において、商業経済力と遊牧軍事力の組み合わせ、連携の関係が明確にみえるようになってくる。後世のプロトタイプといってよいかもしれない。

そこに西からは、イスラームのササン朝打倒で逐われたオリエントの人々が、多く移ってきた。ゾロアスター教徒であったり、マニ教徒であったり、あるいは東ローマで異端とされたネストリウス派キリスト教徒だったり、種族も宗教も多元的である。かれらの活動が以後、在来のソグド人とともに活潑化した。それもまた、イスラームのオリエント再統一がひきおこした波紋といえよう。

それればかりではない。ソグディアナに君臨した突厥も、まもなく動揺をきたした。内部での抗争にくわえ、はるか東方からも脅威が迫っていたのである。中原の長安に本拠を置く唐の勢力であった。

†突厥から隋唐へ

東アジアの北方から中央アジアにわたる広大な草原で、最もぬきんでた地はモンゴル高原である。そこに古来、強力な遊牧国家ができてきた。かつて中原を統合した秦・漢を苦しめた匈奴は、その代表的な事例である。それに勝るとも劣らない規模に成長したのが、このときの突厥だった。

突厥は六世紀の半ば、柔然に代わってモンゴル高原を支配すると、またたく間に勢力を東西に伸ばし、東は中原を脅かし、西は中央アジアを制した。もっとも、その勢力伸長があまりに急激、広大に過ぎたのか、突厥は三十年ほどで東西に分かれる。それと並行して、東に隣接する中原・中国では、見のがせない動きがおこってきた。

人口比では農耕定住民が優勢な中原では、すでに述べたとおり、三世紀の寒冷化以後、北方の遊牧民が波状的になだれこみ、大きな混乱をひきおこしていた。当時の漢語で前者を「漢」、後者を「胡」と称する。

軍事力に優越する胡族がこもごも政権を建てつつ、数的に勝る漢人を支配した。しかしながら安定した体制は、なかなか構築できなかった。秦・漢という古代帝国以来の世界観と秩序関係が立ちゆかなくなり、それに代わる新たな政体を見出すことが難しかったからである。胡・漢のるつぼと化した中原では、長期にわたる試行錯誤が必要だった。

胡族も漢人も互いの長所短所をみきわめ、役割の分担を模索する。そのすえにできあがったのが、鮮卑の拓跋部族が建てた北朝であり、五世紀の前半に中原を統一した。これが隋唐につづく政権で、胡漢一体となって共存できる政体の始まりである。

鮮卑も元来、モンゴル高原の遊牧民だった。中原に南下したのちも、モンゴル高原の柔然や突厥と対峙し、優劣を競わなくてはならなかった。かれらは漢人の「皇帝」であると同時に、遊牧民に対しても君主、つまり「カガン（可汗）」であって、勢力を争う立場にあったからである。

そのため突厥の盛衰が、中原・東アジアの政局にも大きな影響を及ぼしている。突厥の全盛期には、拓跋の北朝は屈服せねばならなかった。しかし突厥が東西に分裂し、中原が

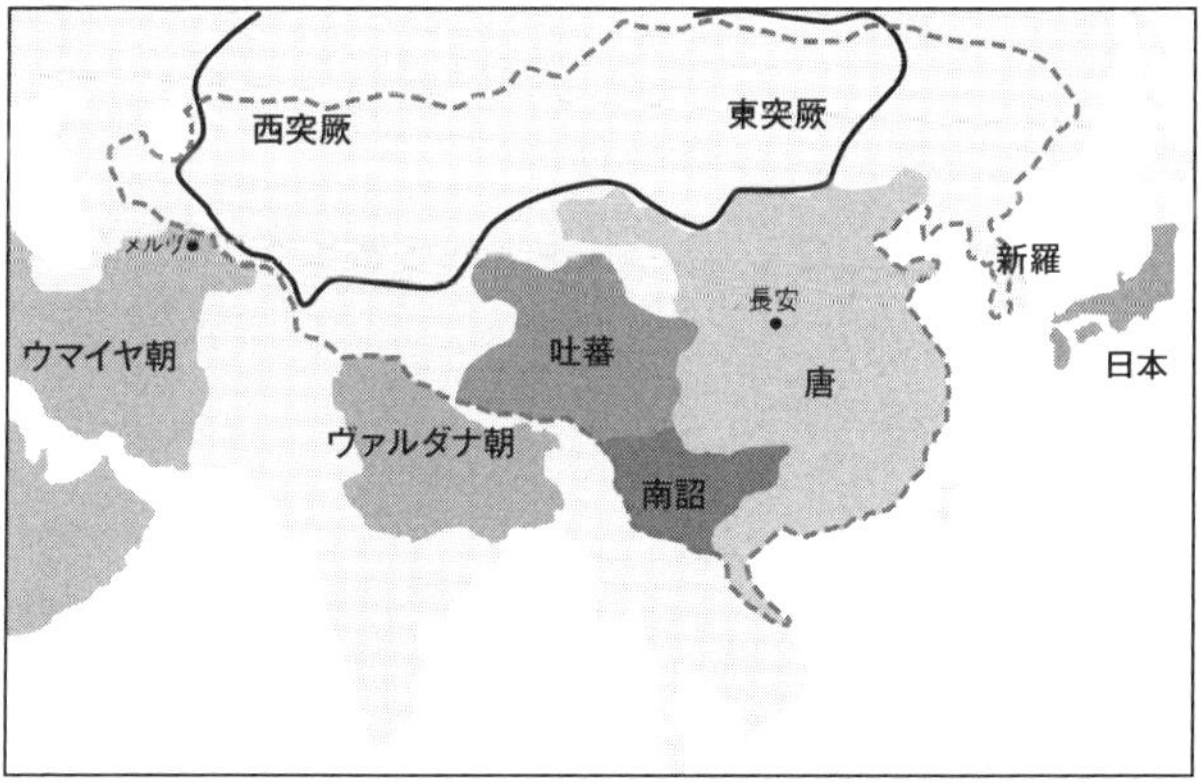

太い破線は唐の最大版図

図13　唐と突厥

逆に隋唐のもと、一つにまとまって南朝をも併せると、勢力バランスは逆転する。七世紀に入ると、突厥のほうがしばしば劣勢に立たされるようになった。

†唐と中央アジア

事実上の唐の建国者たる太宗李世民（五九八―六四九）は、そんな時代の一典型を体現した人物である。唐室は漢人向きには、隴西の李氏という名門貴族を名乗って君臨したけれど、その血統は鮮卑にひとしい。唐の太宗はそのように、胡漢を兼ね合わせ、しかも武勇にすぐれた天子である。六三〇年、東突厥を服属させ、四囲に武威を輝かせて、「天《テングリ》・可汗《カガン》」と称せられた。次の世代、七世紀の後半にはさらに西進し、西突厥をも降して、その勢威ははるか中央アジアにまで及んだ。

突厥が活用したソグディアナの商業経済力を、唐が見のがすはずはない。唐の政権はソグド商人の交易活動をコントロールして、軍事支配に役立てたばかりでなく、かれらを中原に誘引もした。こうして元来オリエントと関係の深かった中央アジア経済は、唐の拡大とは逆のベクトルで、西から東へおよんで東アジアとも接続したのである。

李世民

その窓口が長安であった。胡漢一体政権の本拠が、今度はシルクロードの一大拠点と化して、華やかな商業と文化が栄える。その中核はソグド商人を先鋒とする「イラン文化」だった。宗教なら、漢字で「祆教《けんきょう》」「摩尼教」「景教」という表記を目にしたことがあろう。それぞれオリエントに由来したゾロアスター教・マニ教・ネストリウス派である。

> 所謂タムガチの都クムダンの城に大唐の天子を天可汗と仰いで、商販の利に集ひ寄る西胡の数はかなり多いものであつた。

こう語るのは、石田幹之助（一八九一―一九七四）の名文「長安の春」（石田 1967）。「タムガチ」とは中央アジア・オリエントの人々が中原・中国を、「クムダン Khumdan」とは長安城を指した称呼である。前者は拓跋《タブガチ》 Tabγač の、後者は京城の転訛らしい。「西胡」とは「西域の商胡」、なかんづくソグド商人を指す。

寒冷化で久しく混乱をきたしていた東西のアジアは、古代文明とは異なるイスラーム・唐という新たな広域秩序体系の成立で、ひとまずまとまりと安定をとりもどした。しかしもちろん、それで終わりではありえない。次の時代はどうやら、ほどなく到来する。

2　移動と分立の東西アジア

†「東アジア」と「東ユーラシア」

「唐」は日本人には、とてもポピュラーな漢字である。古代ロマンあふれる遣唐使はいわずもがな、かつてはその一文字だけで、中国そのものを指した。同じ時代に限らない「唐《から》・天竺」、「唐人」などのことばがあるとおりである。

それだけではない。当時の日本はまだ国ができたばかりだったので、圧倒的に大きく、先進国の唐は、ちっぽけな日本からすれば、外国・世界そのものである。そのため日本語では、中国に限らず海外の事物も、おしなべてこの文字であらわした。唐辛子・唐芋《サツマイモ》・唐黍《トウモロコシ》などという。もはや差別語・死語と化した「毛唐」も、かつては普通に使っていた。

以上はごく通俗的な感覚と表現であって、これを歴史学的にいいなおすと、「東アジア世界」という概念となる。こちらも長らく通用してきた。

広域にわたる唐の秩序体系は、もちろん日本・日本人だけが関わっていたわけではない。あたかも磁場が砂鉄を凝集させるかのように、周辺の国々・集団をも束ねて、文化的に一つの大きなまとまりを有する圏域となったからである。なかんづく朝鮮半島と日本列島が、漢文・仏教・律令制など、言語・文化・制度の根幹で大きな影響を受け、以後も中原の強い引力を感じつづけた。

以上の「東アジア世界」の趣旨に、何らまちがいはない。しかしそれがすべてではない。東の最果てに位置するわれわれの、いささか一方的な視角・感覚の所産だといってよいだろう。当の唐の立場に立ってみれば、その軸足はむしろ西方にあった。

先にみたとおり、さらに先進的な「イラン文化」の流入と武力に勝る遊牧世界の動向が、唐の政権・体制を規定していた。日本人が主として感知する圏域、漢語・日本列島などを偏重する「東アジア世界」は、したがって学界ではいまや、アウト・オブ・デートな見方になりつつある。

代わってよく出てくるのが「東ユーラシア」という概念である。西方・遊牧とのつながりをより意識した表現で、地理的には東アジアと中央アジアを合わせた範囲とみればよい。唐はその「東ユーラシア」全域を、いったんは統合したのである（**図13**）。

†仏教の位置

もっともこの唐は、一時は武勲を輝かせたものの、「東ユーラシア」規模の広域を統合する体制としては、西のイスラームよりもはるかに脆弱で、永続性を欠いていた。その一因として、イスラームのように普遍的な価値観を提示し、その理念にもとづいて広域に共通する社会組織・秩序体系を構築できなかったことがあげられよう。

東方でそうした位置を占めるべきものとして、たとえば仏教があった。仏教はインドからシルクロードを経て、中原・半島・列島に伝わったから、まさしく「東ユーラシア」全域に流布している。中原ではすでにかなりの勢力を有したし、ソグド人など中央アジアから移住してきた異教徒が、仏教に改宗した事例も散見する。

われわれには、やはり日本の事例がわかりやすいだろうか。『隋書』倭国伝といえば、「日出づる処の天子、書を日没する処の天子に致す、恙無きや」という倭国の国書を載せることで名高い。それをたずさえた使者の口上に、「海西の菩薩天子、重ねて仏法を興す、故に遣はして朝拝せしむ」とある。隋の皇帝が仏教を再興した「菩薩天子」なのだから、わざわざ使者を挨拶によこした、との由、もちろんほんとうにそう言ったかどうかはわからない。しかし少なくとも、これを書きとどめた中原政権の側では、列島の政権は仏教を共通して信奉するがゆえに、「天子」を慕って関係をとりむすびたくなった、という情況認識だったのである。

仏教帝国の夢

そのためであろう、仏教で広域普遍的な秩序体系を構築しようとする試みもあった。六世紀末から七世紀はじめの隋の文帝、そのほぼ百年後の則天武后あたりが、顕著な事例である。いずれも自らを転輪聖王《てんりんじょうおう》になぞらえ、いわば仏教帝国を構築しようとした。

隋の文帝は南北朝という複数の政権を一統した君主であった。かれが敬虔な仏教徒だったのは、自身の信仰もさることながら、おそらく政治的必要からである。仏教が流布した南北朝の統合を完成、維持するために、いっそう高次の普遍性の体現を求めたものだろう。

則天武后のほうは、唐の「東ユーラシア」統合を受け、政権を掌握した女帝である。その統合を保つことはもちろん、中原漢語世界の政治伝統からすれば、女帝の即位という無理をしたこともあって、いっそう普遍的なイデオロギーと秩序体系を求めたものらしい。

しかしながら、いずれの場合も達成、定着できた形跡はない。隋は唐に取って代わられ、則天武后の構想は、唐の玄宗に否定された。「東ユーラシア」の仏教は、オリエント・地中海のイスラームのようには普遍化、社会化、体制化しなかったとみるほかない。

†安史の乱

そのためもあってか、唐中心の秩序安定と平和繁栄は、まもなく色褪せる。玄宗の治世・八世紀前半をピークとして以後、急速にくずれていった。その転機は七五五年に起こった、いわゆる安史の乱である。

安史の乱は読んで字のごとく、安禄山と史思明という人物が起こした騒乱、いずれも「胡人」の将軍、つまりソグド人で突厥との混血だった。その率いる軍隊もそのため、突厥系の騎馬軍を主力としている。

唐の胡漢一体体制の基軸は、元来いわゆる均田制と府兵制にあった。日本が輸入した律令制でもおなじみのこの制度、農耕世界の人々を個別に把握し、その労働力をフルにひきだして、生産・軍事を直接まかなうねらいがある。これが北朝・隋・唐の国力を支えてきた。

しかしながら唐の拡大にともなって、一部の農耕民を対象としたその制度では、広域をカバーしきれず、次第に破綻をきたしはじめる。そこで軍隊は募兵制に転じ、遊牧民がその基幹をなした。

安禄山（七〇五―七五七）の軍団は、その典型である。かれらがあずかったのは、黄河以北の平原から草原地帯にまでひろがる広大かつ重要な区域の治安維持の任務だった。その本拠が今の北京であったことも、地政学上みのがせない。

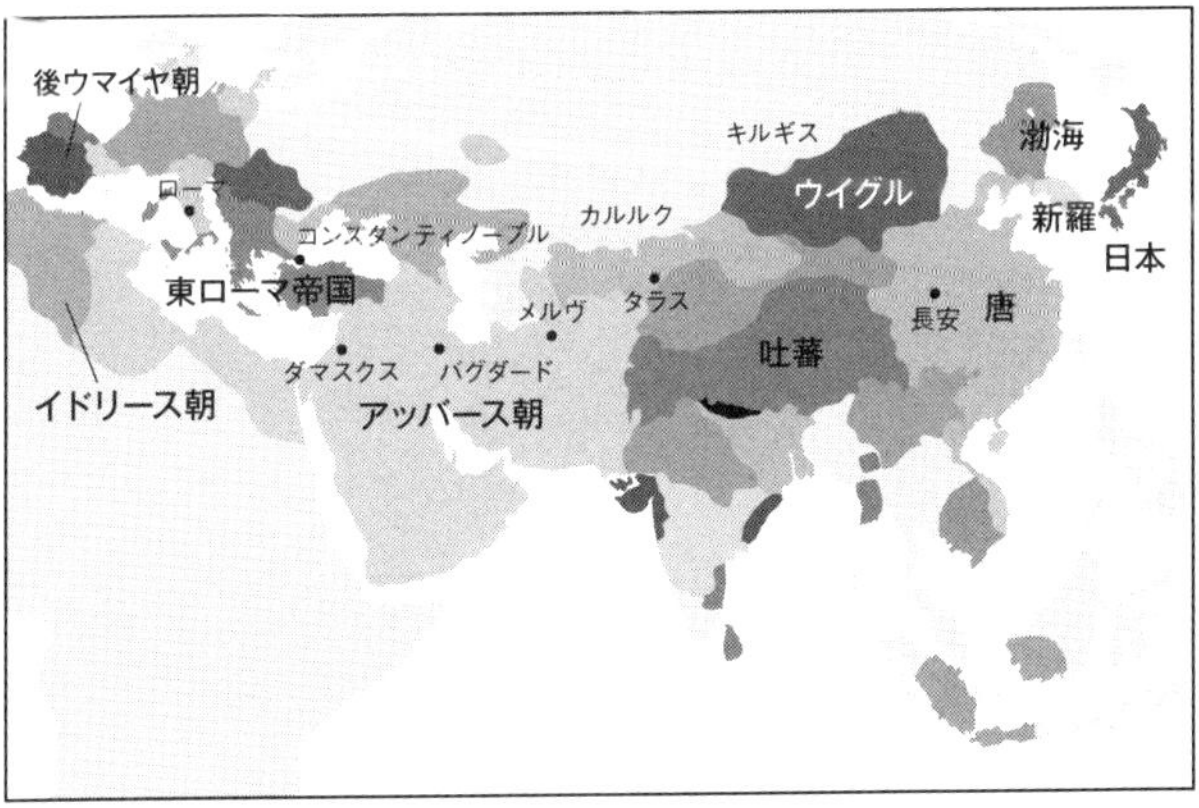

図14　8世紀後半の世界

唐の軍事力は当時すでに、多かれ少なかれ、こうした構成になっている。中原で胡漢の一体をはかったのが、唐の存在理由《レゾン・デートル》なのだから、ソグド人・突厥人、あるいは騎馬軍を用いた軍制の変容も、この時期なりのそうした体制の発露・一環だったといってよい。八世紀の前半までは、それでどうにか中原の治安を維持し、「東ユーラシア」の統合を保っていたのである。

安史の乱はしたがって、単なる内乱・戦争ではない。唐の体制崩潰を象徴する事件だった。

対外的な「東ユーラシア」の広域はもとより、対内的な胡漢の統合にも、大きな影響が及んでいる。安史の乱を境に、モンゴル高原でトルコ系のウイグル、チベット高原では吐蕃が強力になって、唐を圧迫した。そればかりではない。

安禄山たちの軍事勢力がいったん唐のコントロールを脱するや、自立の傾向を強めて各地に割拠し、中原の内部までがバラバラになっていった。

もはや唐の体制・秩序体系では、中原をふくむ「東ユーラシア」の多元的な種族・勢力をまとめきれなかったのである。しかしそれに代わる新たな秩序体系は、容易にみいだせなかった。東アジアはふたたび騒乱と模索の時代に入る。

†ウマイヤ朝からアッバース朝へ

西方は東方に比べて、やや安定度が高かったといってよい。中原で安史の乱が起こった八世紀の半ば、ほぼ時を同じくして、ウマイヤ朝が倒れている。その後を襲ったのはアッバース朝であり、オリエントを覆うイスラーム圏全体としては、その統治のもと、さらに一世紀の間、おおむね前代の規模を保って、強盛を誇った。

もっともウマイヤ朝とアッバース朝では、政権の志向がちがっている。前者はシリアを本拠・中枢にすえ、東から西に向かうベクトルで地中海を掌握して、オリエントの統合をめざした政権だった。それだけに、征服した他種族に臨む新興のアラブ人を重視、優遇したのである。

アッバース朝はそれに対し、既存の規模を継承しつつも、陸路シルクロードの掌握に重心を移した政権であった。都をダマスクスからバグダードに遷したところからも、それがわかる。政権のベクトルは西から東へ、イラン高原のほうに向いた。多くの種族が関わってきた古来のペルシア文明の遺産を引き継ごうとしたわけである。

ウマイヤ朝が西・アラブだったとすれば、アッバース朝は東・ペルシアに転換したことになる。それはひとまず、大なる成功を収めた。九世紀には全盛期を迎え、いわゆるアラビアン・ナイトが代表するイスラーム文化の絢爛たる黄金時代を現出する。

このとき、ペルシア・ギリシア・インド・シリアの古文献が大がかりに蒐集され、アラビア語に翻訳され、古来の文学・科学の精粋が一堂に会した。それははるか後代・ルネサンスの基礎にもなったものである。

†イスラームの多元化

ウマイヤ朝はイスラーム初の世襲政権として、ほぼ百年の命脈を保った。後継のアッバース朝は、五百年つづいたから、比較してはるかに長命である。しかしその統治が全期間、一貫して有効で、安定していたわけではない。時が経つにつれ、東西に綻びがみえはじめた。それは政権の態勢転換にともなう副作用と新事態だったといえよう。

ひとつは西、地中海掌握の弛緩である。遠隔のイベリア半島で、ウマイヤ朝の後継政権が分立したばかりではない。ついでマグリブ地域が分離し、やがて最も近隣で重要なエジプトも、その支配から離脱した。イスラーム圏の中心も、かくて多元化しはじめる。一〇世紀、アッバース朝に真っ向から敵対するファーティマ朝がエジプトを征服し、カイロ建都に及んだのは、それを象徴し、決定づける出来事であった。エジプト・カイロはいまも、アラブ・イスラームの一大中心でありつづけている。

地中海方面にましていっそう重大なのは、東である。アッバース朝は東向きの政権だっただけに、当初から中央アジア方面への関心が高かった。建国早々、そこをめぐって唐の勢力と対立し、衝突したのが七五一年、著名なタラス河畔の戦いであり、イスラーム側が勝利を収める。突厥から唐にかけ、東とつながっていたソグディアナも、これ以降はあらためて、西のほうに顔を向け、オリエントに回帰、帰属するようになった。

シルクロードの幹線を掌握し、世界貿易を押さえたという点で、ソグディアナの奪回はオリエントにとって、大きな成果だった。しかしアッバース朝の中央政権がその果実を満喫しつづけるには、政治軍事的に優越する地位を保っていなくてはならない。まもなく中央アジアに大変動がまきおこって、情勢は大きく転回する。

†ペルシアと中央アジア

イラン高原からアム川を越えた中央アジアにかけては、イラン人・ソグド人の住むペルシア語・ペルシア文明の世界である。ササン朝が滅んで、イスラームに服属したのちも、かれらがいわば成り上がりのアラブ人に全く従順であるはずはなかった。古来オリエントを主導してきた実績と矜恃がある。ウマイヤ朝のアラブ人優先の政策に反撥し、反主流派のシーア派を培養し、やがてアッバース朝を生み出す原動力にもなったのである。

ところが、アッバース朝が政権を握り、ウマイヤ朝の後継者、正統派《スンニ》に収まってしまうと、裏切られたシーア派などは、やはりイラン以東を地盤に活動した。こうして遠心力が強く働いていたから、アッバース朝はその離反を防ぐ意味でも、東に向かざるをえなかったのである。しかし政治的軍事的な勢威が衰えては、そうした反撥分離の動きも抑えきれなくなってきた。

一〇世紀の前半、地中海方面の掌握が衰え、一大敵国のファーティマ朝のエジプト征服にやや先んじて、アッバース朝の東方でも、大きな変動が生じている。ファールスを中心とした地域で、シーア派を信奉するブワイフ朝が興って、勢力を伸ばし、まもなく首都のバグダードに入った。ブワイフ朝政権はバグダードのカリフを半ば傀儡化して、実権を掌握したのである。以後カリフはほぼ名目的、象徴的な君主と化し、アッバース朝は統治政権としては事実上、終焉を迎えた。

しかしそれより東では、もっと注目すべき事態がつとに進展していた。その半世紀前の九世紀後半、いっそう遠隔のホラーサーンからソグディアナにかけて、サーマーン朝が自立していた。サーマーン朝はイラン系の政権ながら、バグダードのアッバース朝の権威を認めており、むしろその東方辺境の防壁としてふるまったから、同じくイラン系といっても、後に興起したブワイフ朝とは、その占めた位置がまったく異なっている。

サーマーン朝で特筆すべきは、何といってもソグディアナ・中央アジアのイスラーム化に果たした役割である。宗教的に混沌としていたソグディアナは、一〇世紀以降、イスラームを信奉して、その地も以後は「ソグディアナ」ではなく、アラビア語で「マー・ワラー・アンナフル（アム川の向こうの地）」と呼ぶようになる。その意味するところは、必ずしもソグド人の土地ではなくなってきたからでもあった。

†ウイグルと中央アジアのトルコ化

モンゴル高原に興起し、突厥の後を襲って、八世紀の半ばから遊牧国家を形成したのは、ウイグルである。ウイグルは突厥と同じくトルコ系の遊牧部族であり、安史の乱で危機に瀕した唐を援助しつつ、優位に立って、およそ百年間、強盛を誇った。しかし九世紀の前半、北方のキルギス人から攻撃を受けて、その政権は崩潰した。

このときウイグル族は四散したものの、まとまって西走する人々が最も多く、十万を超える規模にのぼったといわれる。かれらはすでに勢力をのばしていた天山山脈南方・タリム盆地のオアシス地帯に移って、定住生活をはじめ、西ウイグル王国をつくった。九世紀の末のことである。

中央アジアの東半にあたるこの地は、それまでイラン系のソグド人たちが住民の多くを占めていた。トルコ系のウイグル人が根を下ろして共存し、一体になったため、そこはおよそ一三世紀までに、日常生活でもトルコ語を使用する地域に変貌した。いわゆるトルコ化である。

さらに西に進んだウイグル人もいる。かれらは天山北麓にいたやはり同じトルコ系のカ

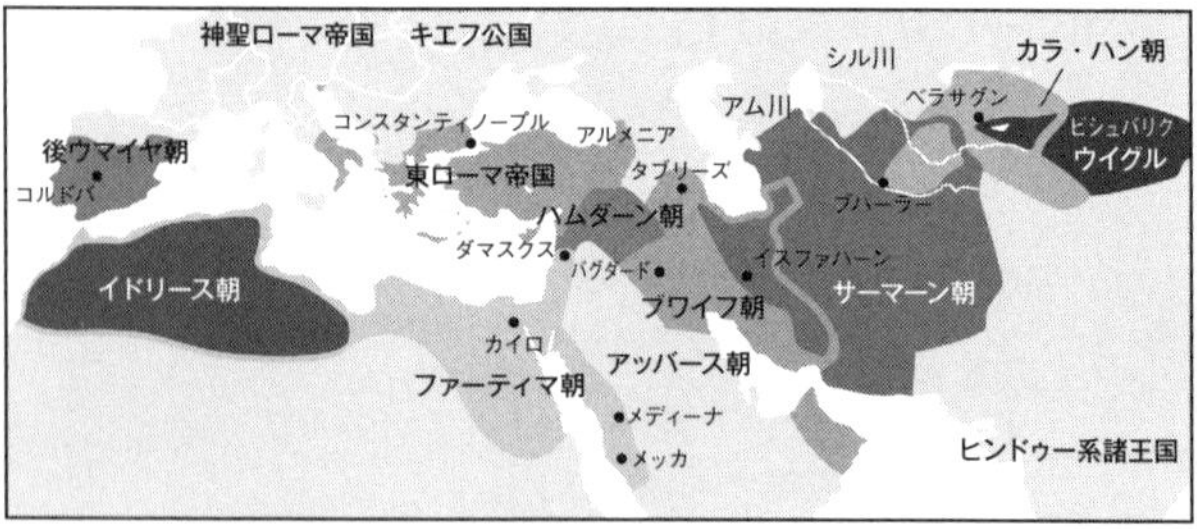

図15　10世紀後半のイスラーム圏

ルルク人と一体となって、カラ・ハン朝という新たな政権を形成した。このカラ・ハン朝はトルコ系最初のイスラーム政権として、とくに注目すべき存在である。西隣するサーマーン朝の影響で、その多くの人々が一〇世紀の中葉には、イスラームに改宗していた。

†イスラーム化とトルコ化の進展

突厥の進出以来、パミール以西の中央アジア、つまりソグディアナにも、トルコ系遊牧民が多く入っており、アッバース朝がそこを勢力下においたことで、かれらとイスラームとの結びつきが生まれた。騎馬遊牧民として尚武の気質と戦闘能力が高かったことから、かれらを奴隷・軍人、いわゆる「マムルーク」として用いたのが、その典型である。

このマムルークを積極的に受け入れ、またいっそう西方に供給する役割を担っていたのが、サーマーン朝だった。サーマーン朝自身もおびただしいマムルークをかかえ、君主の親衛隊や地方の将卒に登用しており、その役割は東からのトルコ系遊牧勢力の攻撃を防ぐためだったから、要するに、トルコ人どうしが戦っていたことになる。

そのサーマーン朝が一〇世紀の末、カラ・ハン朝に敗れて滅亡すると、パミールの東西にわたる中央アジアは、トルコ系の勢力が覆うようになり、そのトルコ化がいっそう進展した。ソグド人の住む「ソグディアナ」は、いまや「トルコ人の住む地」を意味するペルシア語「トルキスタン」と呼ばれるようになって、いまに至っている。カラ・ハン朝のもとで、トルコ人に対するイスラーム化も、さらにすすんだ。

もっとも、いかにトルコ化したとはいっても、従前の「イラン文化」がまったく消滅してしまったわけではない。とりわけ西トルキスタンでは濃厚に残って、ペルシア語を話す人々も、永く近代にいたるまで、存在しつづけた。これは結果的に、トルコ語一色となったパミール以東のトルキスタンとは対蹠的であって、地理的に近接するペルシア文明の強靭さを物語っていよう。

†西進する遊牧民

西からのイスラーム化・東からのトルコ化。この両者が切り結んだマー・ワラー・アンナフルは、双方のエネルギーを受けて、ついに世界史の焦点に躍り出た。

まず登場したのは、カラ・ハン朝に帰順していた遊牧トルコ人集団の建てたセルジューク朝である。かれらはかつて、中央アジアの北辺・アラル海近くに住んでいた。ところが、カラ・ハン朝がサーマーン朝を打倒すると、大挙南下をはじめ、ブハーラー附近に移住する。もちろんイスラームを篤く信奉した。

しかしそれで歩みはやまない。かれらはやがて、アム川を越えて西進を開始、住居一万帳という大集団をしたがえて、政権を樹立した。セルジューク朝は一〇五五年、ついにバグダードに入城、アッバース朝カリフから正式にスルタンの称号を得て、シーア派のブワイフ朝を打倒し、イスラーム圏の盟主にのしあがったのである。

このセルジューク朝はのち十字軍と戦うことになるため、とりわけて著名な存在ではある。けれどもこうしたトルコ人の西進は、この時代に大なり小なり、普遍的にみられる現象で、時代の潮流というべきものだった。

しかもそれは、トルコ人だけにとどまらない。トルコ人の後を追うかのように、さらに東から西へ向かう遊牧民の移動が、いっそう活潑になりはじめていた。その波動が一一世紀以降のアジア史の基調をなすのである。

3 トルコ化と契丹

†焦点としてのウイグル

東西のアジア史は九世紀以降、唐とイスラームの統合が終焉し、いずれも解体と分立、あるいは多元化の時代に入った。そこに作用していたのは、東西に跨がる遊牧勢力、とりわけトルコ系遊牧民の活潑な移動である。

その嚆矢・中軸をなしたのは、ウイグル人の西遷である。到達した先々の草原オアシス世界に、大きな衝撃を与えたばかりではない。農耕世界もその波及をまぬかれなかった。かれらは遊牧にとどまらない多彩な活動で、以後のアジア史を左右したのである。

元来モンゴル高原で遊牧生活を営んでいたウイグル人が、中央アジアに移って定住化したことは、もともとよりかれら自身におこった変化である。しかしそれは同時に、移住した先の社会にも変質をもたらした。いわゆるトルコ化である。

直接そこに関わったことがわかる政権だけでも、前回にふれた西ウイグル国とカラ・ハン朝がある。ごく大まかに整理すれば、それぞれパミールを境とする中央アジアの東半・西半を占め、前者は主として東向き、東アジアと関わり、後者は西に向いて、西アジアとつながったと想定すればよい。

†ウイグルとソグド

「トルコ化」を字面どおりに解すれば、それまで中央アジアで優勢だったイラン系のソグド人が消滅し、トルコ人に変化した、との意味になる。もっとも、色を上から塗り替えるように、人が入れ替われるわけはない。

ソグド人は中央アジアに本拠をもちながら、永らくシルクロード・草原オアシス世界の全域にわたり、商権を掌握していた人々である。農耕世界と遊牧世界を往来し、双方に入り込み、広域で商業を営んでいた。

そのなかには、定住民でありながら遊牧民化し、商人でありながら武人化したものも少なくない。東アジアの中原で勢威を誇った安禄山は、その好例であろうか。

移住したウイグル人は、そうした柔軟性・適応性に富み、広域で活動するソグド人を支配したのである。主たる使用言語こそ、トルコ語に変わったかもしれない。しかしそれも、ソグド人の適応力のなせるわざだったであろう。ウイグル人のほうがむしろ、在地の社会慣習を受容して根を下ろした。ソグド人たちに同化されて、その在来の行動様式をウイグル人として継承した、というべきである。

たとえば、東の西ウイグル国をみよう。おおむねいまの中国新疆にあたる地に位置し、そこを東トルキスタンというのも、この国からはじまった。その西ウイグル国は仏教・マニ教を受容し、ウイグル文字をつくったことで有名である。これも在来のソグド人文化を受容した証左とみてよい。

そうした点、森安孝夫（一九四八―）のいう「ソグド系ウイグル人」は、言い得て妙である（森安2007）。かれらは西ウイグル国を足だまりに、主としてそれより東方の東アジアで、いっそう活潑な活躍をみせることになる。

その東アジアではかつて、ソグド人が経済界を牛耳り、商人・富裕の代名詞だった。当時は「胡」という漢字で、とりもなおさず金持ちを連想する。有名なところでは「窮波斯」、つまり貧しいイラン人という意味の漢語は、中原ではありえない存在を指す表現として、人口に膾炙した。以後その地位は「ウイグル」がしめて、やはり商業・富商の代名詞となったのである。

†トルコ化・イスラーム化の内実

それなら、西方の情況はどうであろうか。ウイグルがパミール以西で大きな影響を及ぼしてできたとおぼしい政権が、カラ・ハン朝である。伝えられるところでは、西走したウイグル人が、蟠踞していたやはりトルコ系遊牧勢力のカルルク人と合体したものだった。定かではないところが残るものの、ウイグル西遷の後、到達した場所に興起した政権であることにまちがいはない。そしてウイグル自身の動きよりは、それが及ぼした波紋にこそ注目すべき点も、西ウイグル国の場合とほぼ同じである。

カラ・ハン朝は対外的な政治・軍事では、必ずしも統一のとれた、強力な政権・勢力であったとはいえない。しかしその歴史的意義は、きわめて重要だった。中央アジア西半のトルコ化・イスラーム化に絶大な役割を果たしたからである。

表　中央アジアのイスラーム化・トルコ化（11世紀まで）

	西半（現・西トルキスタン）	東半（東トルキスタン）
政権	カラ・ハン朝	西ウイグル国
情況	**イスラーム化／トルコ化不徹底**	**トルコ化／イスラーム化及ばず**
定住民	**イラン系**ムスリム（ペルシア語）	ソグド系ウイグル人（トルコ語）
支配層	**トルコ系遊牧民**（ムスリム）	**トルコ系遊牧民**（非ムスリム）

（備考）ゴシック部は東西の共通点

たとえばセルジューク朝の形成をうながしたのは、その最たるもので、のちブワイフ朝の打倒、スルタンの誕生、さらには十字軍をもひきおこす結果をもたらした。一一世紀以降のオリエント政治史の原動力は、中央アジア西半のカラ・ハン朝にあったといってよい。

しかしトルコ化・イスラーム化といっても、マー・ワラー・アンナフルつまり旧ソグディアナは、やはりソグド・イラン系の人々が優勢だった。イスラーム化したかれらは、同じイスラーム圏を中心とした西方の商権・財界を依然、掌握していたからである。

それははるかイスラーム化以前、突厥《テュルク》時代から始まっており、またイスラーム化の及んでいない中央アジア東半とも、大筋で変わるところはない。つまりイラン系の商人という基層と、それを保護する遊牧民支配者という上層とから成る社会組織である。

そうした組織構造では、イスラームかどうかにかかわりなく、パミールを跨ぐ東西で共通していた。**表**は以上をわかりやすいよう、細部は捨象し、ごく大づかみにまとめてみたものである。

そうした構造のうち、基層の商業・経済にいっそう緊密に関わり、その活動を支持、保護した軍事力・政治力をトルコ系の勢力が構成するようになった。これがウイグルの西遷と定住化を通じ、中央アジアで最も顕著だった現象である。

だとすれば、そうした現象じたいは、何も「トルコ化」した中央アジアに限らない。さらに東・西のアジアでも、多かれ少なかれ共通していた。

†トルコ人の制覇と温暖化

中央アジアの「トルコ化」を中軸とした動きで、このように東西アジアの並行現象が一本につながる。では、そうした動向をもたらした要因は何か、と問われれば、もちろん回答は一つではすむまい。しかし最も全般的・根本的なものを一つあげよ、といわれたなら、当時ようやく顕著になってきた気候の温暖化があてはまるだろう。

三世紀から深刻化した世界規模の寒冷化が、各地に大きなインパクトを及ぼしたことは、すでに述べてきたとおりである。とりわけダメージが大きかったのが、ユーラシア内陸の草原オアシス世界であり、草原の縮小がとりもなおさず、そこで暮らす人々の死活に直結した。生存を求めた遊牧民の移動が頻繁になり、それが引き起こした玉突き現象は、農耕世界をも多かれ少なかれ混乱に陥れた。

そんな混乱のなか、秩序を模索してたどりついたのが、西のイスラーム・東の唐という広域を統合した政権である。しかしトルコ系遊牧勢力の移動が、そうした東西の統合をそれぞれ解体に導いた。それはあたかも、気候の温暖化と時を同じくしている。

草原の縮小は止んで、回復と拡大に転じた。これによって、遊牧民の活動の舞台がひろがり、新たな移動が活潑になる。その先頭に立っていたのが、トルコ人なのである。

西方で代表的なのは、いわゆるマムルークの活動である。かれらは西アジア・イスラームの諸政権の中にあって、軍事的・政治的な実権を掌握した。のちには「マムルーク朝」という政権すら成立する。

東アジアでマムルークに比すべきは、中原・中国における藩鎮の跋扈であろう。唐の衰亡から、一〇世紀の五代十国につながる歴史にほかならない。九世紀以降の中原は事実上、安禄山軍団の末裔ともいうべき軍閥が割拠した。つまりトルコ系遊牧民の流れを汲む軍事勢力である。唐はすでに長安周辺のみの地方政権と化し、もはや胡漢一体の特徴は、ほとんど無くなっている。

そうした割拠軍閥のなか、台頭してきたのは、やはりトルコ系の勢力、沙陀族の軍閥であって、唐の後を承け、一〇世紀前半の中原政権を掌握した。九六〇年に成立して以後、南北あわせて三百年以上の命脈を保った宋王朝も、その軍事勢力に胚胎した政権である。このようにトルコ系の勢力は、東アジアでも決して無視できない存在だった。

契丹《キタン》の勃興

しかし実のところ、東アジアの主役は必ずしも、中原の沙陀政権ではない。トルコ系の勢力はむしろ、東アジアからは徐々にフェード・アウトしてゆく趨勢にあったというべきだろうか。少なくとも同時代の西方におけるマムルークのようなありようではなかった。

トルコ系遊牧勢力はウイグルに典型的なように、東から西に移動した。離れ去った東方と入っていった西方とでは、様相が異なったのは、考えてみれば当然かもしれない。トルコ人の去った東方モンゴル高原では、むしろ新たな勢力の台頭がはじまる。

そもそも温暖化と草原の拡大がトルコ人の移動をひきおこしたのだとすれば、それはほかの遊牧民にも同様にあてはまって当然である。興起・活躍・移動もしたがって、やはりトルコ人ばかりに限らなかった。とくに東アジアで然りとする。

ウイグルの西遷・唐の解体の後、一〇世紀初めにモンゴル高原を制覇したのが、耶律阿保機の率いた契丹《キタン》である。かれらは遼河上流の草原から勃興したモンゴル系の一部族で、「契丹」という名称ははるか以前から記録にあらわれるものの、強大化したのは、耶律阿保機の登場以後である。

南に接する中原は、五代の乱世だったから、当時の世界では、契丹こそが東アジア第一の強国として知られた。中国のことを英語で「キャセイ（Cathay）」、ロシア語で「キタイ（Китай）」というのは、いずれもこの契丹《キタン》にはじまる。

契丹はそれほどのプレゼンスをしめていた。実際一〇世紀を通じた中国史は、契丹と五代の沙陀政権との相剋を主軸とする。そして常に後者が圧倒された。その形勢は五代の乱世が終わり、北宋になっても大きくはかわらない。

契丹の皇統の耶律氏はモンゴル系だが、皇后を輩出した一族・蕭氏は、ウイグルの出自といわれ、以前のトルコ系と提携した形である。こうしたモンゴル系とトルコ系との連携・融合が、以後の草原遊牧世界の基本構造になるので、東方の契丹という政権は、その意味でも画期をなした。

さらに立ち入ってみよう。契丹の支配集団は遊牧狩猟民なので、年ごとに季節移動する生活を営む。ところがかれらはその一方で、皇帝・王侯のもつ遊牧地の草原地帯に、城郭都市を建設し、漢人など農耕民を移住、入植させて生産の一大拠点とした。

城郭都市を営んだことがある遊牧国家は、かつてモンゴル高原に君臨したウイグルである。西走したそのウイグル人たちが、後にオアシス都市で定住化したのは、都市生活の下地があったからかもしれない。

こうした契丹の都市経営もウイグルとの関係が深かったため、その影響を受けたものであろうか。かれらが篤く仏教を信仰したのも、それに関わる可能性がある。またいわゆる「燕雲十六州」、つまり現在の北京・大同一帯など、漢人のすむ農牧境界地帯を支配したことも、あずかって力があっただろう。

いずれにせよ、遊牧世界と農耕世界とはこのように、契丹において、いっそう有機的に結びつき、ひとつの国家として成り立つしくみをととのえはじめていた。

†唐宋変革

契丹はこのように強大化して、南方の中原政権を圧倒しながら、農耕世界との関係をむしろ深めていった。「燕雲十六州」を割取したばかりでなく、九四七年には五代の沙陀政権を滅ぼし、黄河流域に腰を据えて、直接に中原を統治しようと試みたことさえある。中華王朝風に「遼」と称したのも、この時だった。試みは失敗に終わって、契丹も北方に撤退する。けれども中原へのコミットはやめようとしなかった。かれらがかくも南方に関心を示したのは、その経済力に惹かれたからであろう。

中国史の学界では、一〇世紀前後の時代を唐宋変革の時期と呼びならわす。東洋史学の草分け、内藤湖南がとなえたもので、唐・九世紀以前の中国文明と宋・一〇世紀以後のそれとは、まったく様相を異にしているとの趣旨で、ほぼ世界の定説となった。

その変革は政体から文化まで、あらゆる方面に及んでいる。おそらく唐代に顕著だったイラン文化の流入、西方オリエントの先進文明の摂取が大いに作用したであろうし、また気候の温暖化も関わっているかもしれない。

ここで着目したいのは、中国内の生産増大・経済発展であり、さらにはそれを可能とした技術革新である。農産物はいうまでもない。農地を造成するための土木も、そうだろう。さらにその工具となる金属生産の増加が見のがせず、それがいわば、すべての原動力だった。

ただし金属・鉄器を増産するには、厖大な熱《エネルギー》量が必要である。当時の中国では、石炭の燃料使用が通例化しつつあった。いわばエネルギー革命の真っ只中だったのである。

こうした中国の経済発展と、契丹あるいは東アジアの遊牧勢力の強盛化とは、根柢で深い関連を有していたにちがいない。金属・鉄器は工具のみならず、兵器にもなる。その生産があがってゆけば、中国のみがそれを独占するわけにはいかない。流出して周辺の軍事力を強める。農耕世界の歩兵を中心とする軍隊では、統率のとれた遊牧国家の騎馬軍にいよいよ対抗できなくなってきた。

そうはいっても、軍事と政治は完全に一致しない。ごく一地域の都市だけならまだしも、遊牧勢力が自らの集団組織を崩さないまま、広域の農耕世界を全面的に統治するノウハウは、なお確立していなかった。契丹がつとに試みて、挫折したとおりである。軍事力は中原政権をはるかに凌駕しながらも、東アジア全体の秩序構築は必ずしも実現しなかった。

†多国共存体制

ひとまずの安定は、宋王朝の成立でもたらされる。黄河流域の中原・長江流域の江南を統合した北宋政権は、君主独裁政体を確立し、長城以南の権力・政情を安定させた。

これで契丹に拮抗しうる勢力が、ようやく成立したのである。北宋はもちろん軍事力では、契丹にかなわなかった。けれども経済力・物量では圧倒していたので、それをテコに両者共存共栄できる体制が可能になった。

　契丹と北宋は盟約を結んで、ほぼ対等の関係で国交を開いた。澶淵《せんえん》の盟という。北宋は契丹に毎年莫大な財貨を贈る代わりに、北辺の安全を保障され、平和を謳歌することができた。時に一〇〇四年。一一世紀の幕開けとともにはじまったこの関係は、ほかの国々もまきこみつつ、およそ二百年の間、チンギス・カンとモンゴル帝国の出現まで続いた。

　もちろん曲折がなかったわけではない。契丹・北宋の対等国交とは、現代風にいえば、さしづめ勢力均衡《バランス・オブ・パワー》であって、双方の政権安定が必須の条件になる。澶淵の盟からおよそ一世紀、その安定が動揺をきたした。契丹の東方・森林地帯に住んでいたツングース系のジュシェン（女真）人が、にわかに勢力を伸ばして、契丹・北宋をもろとも滅ぼしてしまったのである。

　しかしジュシェン勢力の成長は、いささか急激に失した。かれらが建国した金王朝は、南下して黄河平原を征服、確保したものの、江南にまで勢威は及ばなかった。南宋政権の存立を許し、金と南宋があらためて盟約を結んで、共存の体制を再建した。

　こうした共存体制は、東アジア史上めずらしい。勢力の優劣が顕著になって、優勢な政権が周囲を服属させるのが通例だったからである。たとえ力が拮抗しても、それが長期にわたる平和には、必ずしもつながってこなかった。

そこに鑑みると、この時期の平和共存は、画期的な新事態ともいってよい。遊牧勢力の軍事的な強盛と農耕世界の経済的な発展は、相互に関連を有しつつ、切り結んで相い譲らなかった。そのバランスの上に現出した秩序体系だったといえよう。逆にいえば、バランス・均衡が破れたとき、新たな段階・時代に移ることになる。

†モンゴル帝国の前提

ジュシェンの勢力が拡がらなかったのは、南方ばかりではない。モンゴル高原以西にも、支配を確立することができなかった。北宋の残党勢力が南方に走って南宋を再建したように、契丹も残党が西走して政権を再建する。皇族の耶律大石が麾下の部族を率いて、中央アジアの西ウイグル国とカラ・ハン朝を征服した。漢語で「西遼」、在地の人々がペルシア語で「カラ・キタイ」と称した政権である。耶律大石はさらに故地回復をめざし、東征を試みたものの、けっきょく成功しなかった。

かれの企図が那辺にあったにせよ、そのありようはウイグルの西遷を髣髴させる。かつてトルコ人だったそれが、今度は契丹にバトン・タッチし、モンゴル人の西遷がはじまっ

① 11 世紀の東アジア・中央アジア

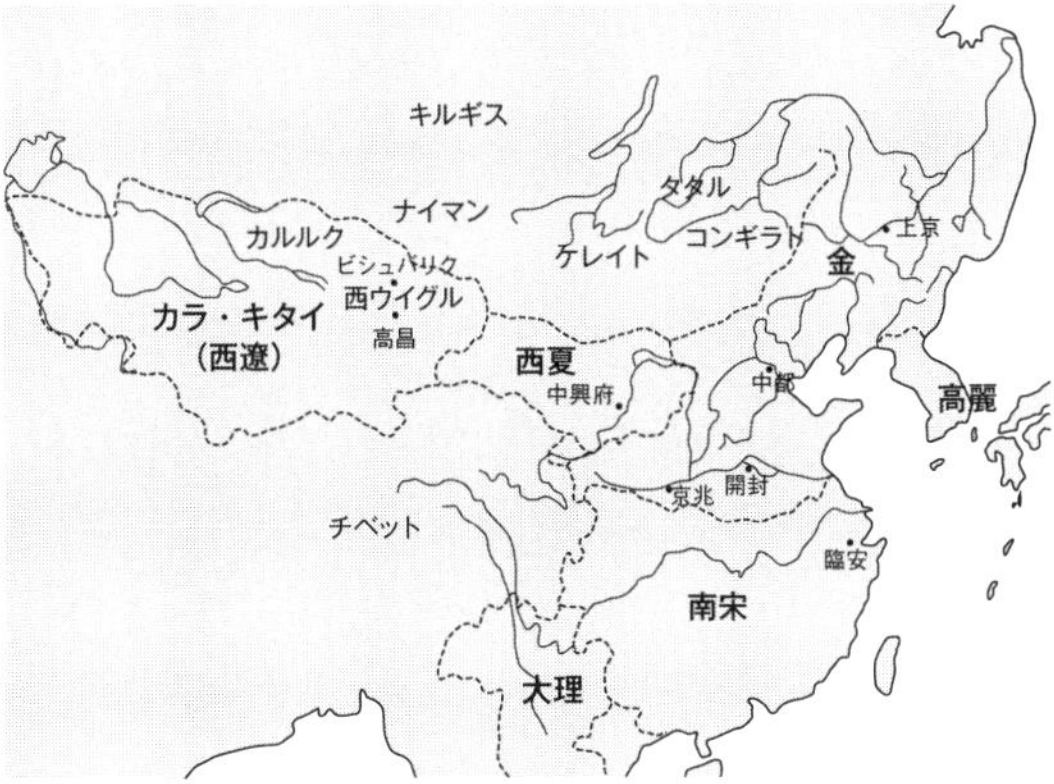

② 12 世紀の東アジア・中央アジア

図16 多国共存体制

たのである。そうした観点からいえば、西遼《カラ・キタイ》の出現には少なくとも二つの歴史的意義があり、いずれも後のモンゴル帝国形成の前提をなすものだった。

ひとつはトルコ化していた東西の中央アジアを統一に導いたことである。トルコ人の西遷とトルコ化ではなし得なかった一大オアシス地帯の統合が、モンゴル系の遊牧勢力によって実現した。およそ一世紀の後に、モンゴル帝国の騎馬軍団がそれをいっそう大規模にくりかえすことになる。

いまひとつは、西遼の東征が果たせなかったため、モンゴル高原が強大な政権の支配・統御を受けないまま放置されたことである。そこでは、統率を欠いた部族どうしが対立して、死闘をくりひろげる事態になった。そんな相剋のるつぼから、チンギス・カンとその軍団が登場するのである。

第Ⅲ章　近世アジアの形成

1 モンゴル帝国の建設

†モンゴルの登場

ここまで何のことわりもなく、「モンゴル高原」という地名を使ってきた。しかしその地が「モンゴリア」と呼ばれるのは、正確にはモンゴル人が史上にあらわれ、そこに確乎たる勢力を築いて以後のことである。ここまではあくまで便宜的な用法にすぎない。

しかしそろそろ名実ともに、「モンゴル高原」と呼んでもよい時代に入る。チンギス・カン（一一六二？—一二二七）の登場によって、そこで凄絶な相剋をくりひろげてきた部族が、かれに従って一つにまとまり、モンゴル国《ウルス》が発足した。一三世紀の幕開けとほぼ時を同じくする出来事である。

チンギスにはじまり、孫のクビライで最高潮を迎え、ユーラシアを制覇したモンゴル帝国の建設は、あまりにも劇的で有名、しかも往年の名だたる碩学が、縷々説いてきた歴史である。門外漢があえて、その詳細をくりかえす必要はない。要点とあらすじだけ確認しよう。

一二世紀までのアジア史は、東西そろって、いわば多国の対峙・共存の時代である。南北の勢力が多元化してにらみあい、並び立っていた形勢だった。

これは前世紀から続いた温暖化の影響によって活潑化した遊牧民の活動が、各地の勢力を再編したことで生じた局面である。そこにはまた、いわゆる唐宋変革、つまり東アジアで起こった技術革新も、少なからず影響を与えていた。

そうした多元化は、武力・経済・文化など、複合的な要素が拮抗、均衡していたからこそ成り立った。甲乙優劣がなかなかつかないから、たがいに分立併存しえたのである。だとすれば、そのいずれかが突出して、従前の均衡を撞き崩す事態になれば、局面がかわるのも当然だった。一三世紀のモンゴル登場は、そうした事象だと考えればよい。

チンギスとその集団、いわゆるモンゴル国《ウルス》は、何より軍事力に卓越した遊牧勢力として誕生した。ユーラシア再編の過程はまず、軍事的な均衡の破綻からはじまったこと

チンギス・カン

になる。

†東西草原世界の制覇

草創まもない一二一〇年代、モンゴルがまず正面きって相手どったのは、東に隣接した金王朝である。この政権はモンゴル高原の諸勢力を対立させ、紛争の巷にしたてたまま、観望を決め込んだ張本人でもあった。チンギス・モンゴル集団にとって、仇敵の関係にあるといってよい。

戦争の目的はしたがって、何よりモンゴルの自立にあり、そのため、勢力のほとんどを投入した戦いになった。チンギスはそこで、金に大きな打撃を与えて勝利を収める。北京以北の草原地帯を征服、旧契丹《キタン》系の遊牧軍団を吸収し、東アジア第一の勢力にのし上がった。いよいよ軍団を強化したモンゴルは、ついで西に方向を転じる。

その西方は中央アジアのトルコ化からはじまって、多元化・勢力均衡の形勢では、東方に一歩先んじていた。なればこそ、そんな従前のバランスも、つとに破綻が生じている。震源地はまたも、中央アジアであった。

一円を統合してきた西遼《カラ・キタイ》が、この時すでに崩潰しつつあったのである。チンギスにモ

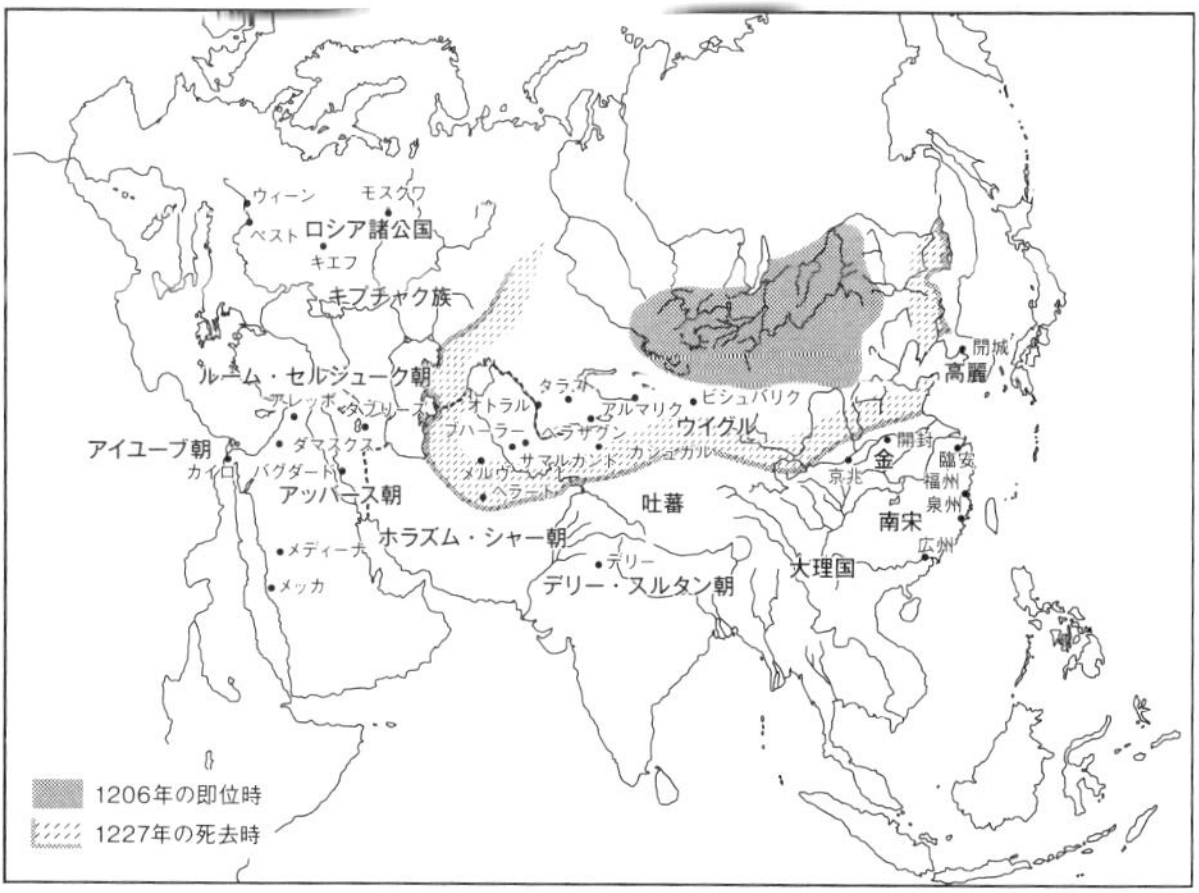

出典）本田 1991

図17　チンギス時代（1206－27）

ンゴル高原を逐われたナイマン族が、一二一二年その政権を簒奪したからである。それが中央アジア東半の動きだとすれば、西半ではホラズム・シャー朝が自立し、旭日のように勢力を伸ばしていた。

　この政権はもともとアム川下流域のホラズム地方で、一一世紀後半に興起したトルコ系遊牧勢力である。それが一三世紀のはじめ、ナイマンと結んで西遼の羈絆から離れるや、マー・ワラー・アンナフル、イラン高原を席巻し、あたかも西アジア全域を覆わんばかりの勢威を誇った。

　ホラズム・シャー朝の瞠目すべき拡大は、はるか東でモンゴルが勃興したのと、ちょうど時を同じくしている。偶然の一致なのかどうか。統合の気運が高まっていたのであろうか。ともかく、成長著しい東西勢力の衝突は、まぬかれない形勢になっていた。

モンゴルは一二一八年、西遼を奪ったナイマン族の政権を打倒して、中央アジアに入る。翌年さらに西へ進んで、ホラズム・シャー朝への遠征を敢行、一年あまりという迅速さでマー・ワラー・アンナフルを掌握した。しかしアム川を越えてホラーサーンにまで勢力を拡大することはかなわず、一二二二年、馬首を返す。

それから五年の後、チンギスは波瀾万丈の生涯を閉じた。モンゴルはそこまでで、東西の草原オアシス世界を覆う規模の勢力にふくれあがっている。それが歴史的に何を意味するか。回答はむしろ次代の課題となる。

†政権の組織化

そもそもチンギスが率いたモンゴルは、ほぼ純粋な遊牧軍事集団といってよい。その意味では、醇朴実直な戦士ばかりであって、のち中国の漢人が記した書物にも、「大樸未散」といわれた。素朴誠実のかたまり、である。戦乱を勝ち抜いて建国し、およそ軍事行動に明け暮れていた、不世出の英雄チンギスの時代は、それでもよかったのであろう。

しかし一二二七年、チンギスが逝去して以後は、そうはいかない。モンゴル国《ウルス》が広域の空間と多様な人々を統べる政権に成長した以上、その円滑な運営がなくてはならなかった。そのためには、旧来在地の組織を動かすノウハウを会得した人々が、政権を支えてゆく必要がある。直接のモデルに相当するのは旧契丹《キタン》であり、その出身者が当初からモンゴルの政権に参画していた。

拡大を果たしたモンゴルは当時、西遼《カラ・キタイ》も含め、かつての契丹全域をカバーしている。空間上の範囲ばかりではない。構造的にもそうである。つまり東方の草原地帯のモンゴル系遊牧民が、西方のトルコ系遊牧民をしたがえ、オアシス世界のイラン系・トルコ系の定住民とタイアップした形である。

したがって東西の草原オアシス世界を制覇したチンギスの事業とは、旧契丹が果たせなかったモンゴル高原と中央アジアの統合を意味していた。それだけにとどまらない。そこに住むモンゴル・トルコの軍事力とトルコ・イランの経済力とのいっそう鞏固な結合を実現してゆくものでもあった。それが次代の政権運営で、明確な姿であらわれてくる。

チンギスの後を襲ったのは第三子のオゴデイ（一一八六？—一二四一）、凡庸だったと伝えられる。それだけに政権の組織化は、オゴデイ本人にとってもモンゴル全体にとっても、必須の課題だった。草原の首府カラコルムの建設、および後に「ジャムチ」といわれる駅伝網の整備は、その最たるものである。

オゴデイ

前者はウイグル・契丹《キタン》など、先行の遊牧国家が営んだ都城を襲ったものであり、モンゴルがその後継政権であることをよくあらわしている。ここで君臨するオゴデイのもとに、税務・文書をあつかう契丹人やウイグル人が集結し、行政をになった。

モンゴルは三十年もたたないうちに、広大な草原オアシス世界の大部分を制覇したため、要衝を結びつけるしくみがなくては、各地がバラバラになりかねない。カラコルムを中心とする駅伝網の整備は、その意味でも不可欠だった。要衝を押さえる有力者や前線にいる軍団との連絡が円滑になり、君主は中央から動かなくとも、そのコントロールを全域にゆきわたらせるべく、指令を伝達できたのである。

†東西の拡大

代替わりのモンゴルは、チンギス時代の勢威を維持するためにも、いっそうの軍事示威

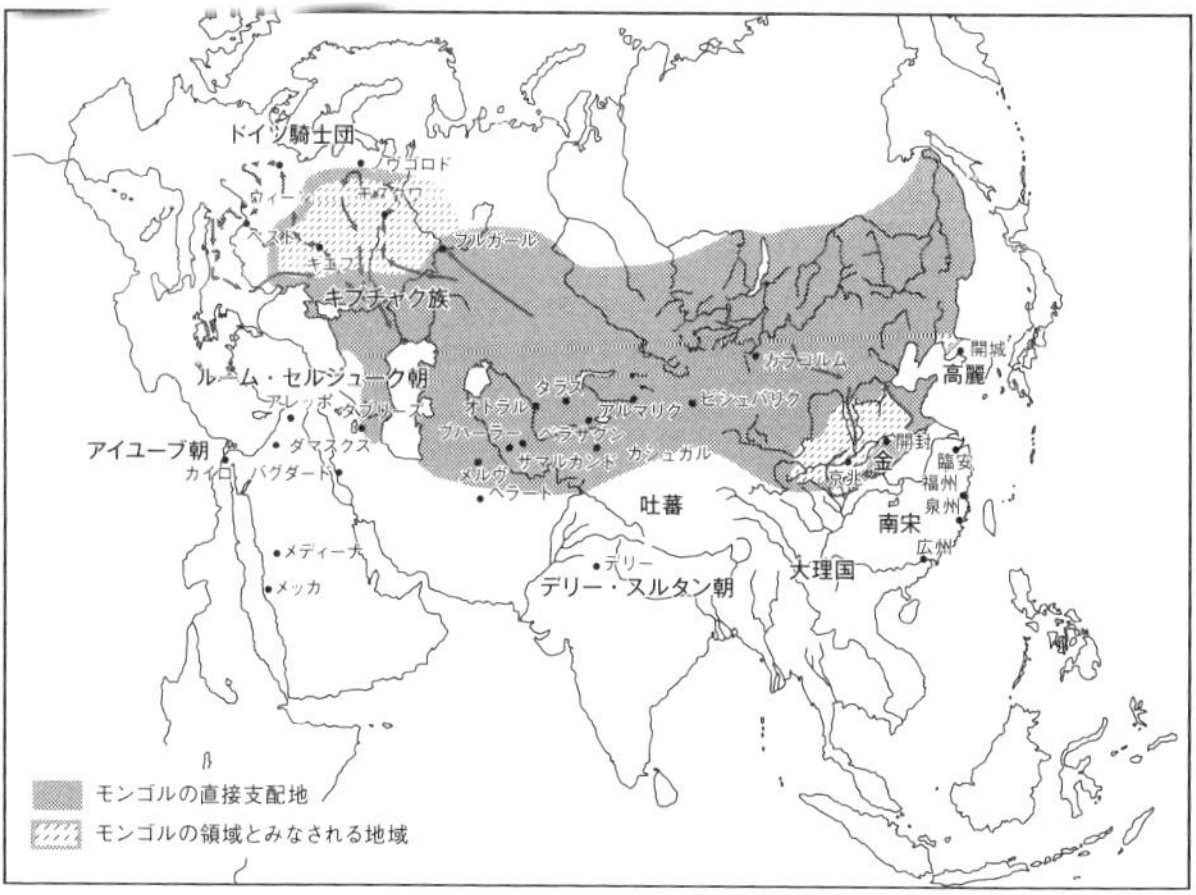

出典）本田 1991

図18　オゴデイ時代（1229－41）

と勢力拡大をはかる必要があった。そこで敢行したのが、東西の遠征である。東はもはや中原の黄河流域のみに跼蹐していた金の殲滅作戦だった。五年にわたる激戦の結果、一二三四年に金王朝は滅亡、モンゴルは東アジア第一の勢力たることを誇示できたのである。

これ以降、モンゴルは本格的に中原の支配にとりかかり、いよいよ中国との関係・対立を深めた。一二三六年には、金と南隣し対峙共存していた南宋にも、遠征軍を出す。けれどもこちらは、緒戦の段階で失敗におわり、南宋との対決は後に持ち越された。

この時いっそう注目すべきは、同じ年

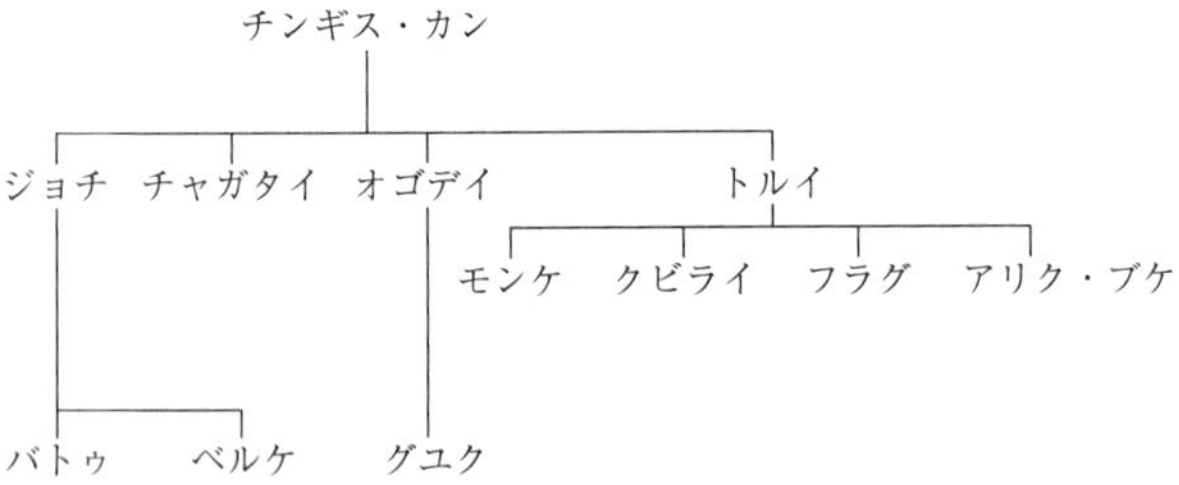

図19　チンギス家略系図

からはじまった西征である。チンギスが長子ジョチに任せた西北方面の経略は、その死によって中絶していた。そこで息子のバトゥがあらためて西征事業をおこなったのである。

　バトゥのモンゴル軍はまず、カスピ海・カフカズ・黒海の北一帯にひろがる大草原に入り、そこに蟠踞していたキプチャク族をしたがえた。「キプチャク」とはトルコ系遊牧諸集団の総称であって、これを吸収したバトゥ軍は強悍無比となって、一二三七年、さらに西方のロシアに進む。多くの公国が争っていたロシア全域は、抗するすべもなくモンゴルの支配下に入った。「ロシア」というまとまりは、史上ここからはじまる。

　バトゥの西征軍はさらに西進し、ポーランド・ドイツ騎士団・ハンガリーの軍隊をやぶって、東欧を席巻した。一二四一年末、モンゴル高原の本拠にいたオゴデイの崩御と、それにともなう帰還命令がなければ、西欧まで進攻していたはずである。

　とまれこれで、北アジアがようやく歴史の舞台として登場した。42頁の**図4**でいえば、Ⅲのエリアである。そこには従前、歴史・アジア史と称するに足る内実は、ほとんど存在しなかった。これ以後、モンゴル支配のもとで、ロシア帝国の黎明につながる歴史が展開する。

　それをロシア人・西洋人たちは「タタールのくびき」と称してきた。そうした称呼もまた、西洋中心史観の一種だといえよう。

第二のステージ

　モンゴル帝国の拡大は、ここで一段落する。およそ十年のインターバルとみればよい。その間に相続争いがあって、政権はオゴデイの家系から、その弟トルイの血統に移った。トルイの長子モンケ（一二〇八―五九）は一二五一年、モンゴル皇帝・大カーンに即位すると、ただちに反対派を弾圧して権力基盤を固めたのち、あらたな遠征計画を立案、遂行する。

　チンギスの草創からおよそ半世紀、それまでのモンゴルは、草原オアシス世界の征服を事としてきた。モンゴル高原を支配したチンギスは、中央アジアを併せた。遊牧世界の中核地域を統一したものである。それを承け継いだオゴデイは、いっそう東南・西北に位置する中原とキプチャク草原にまで版図を拡げた。いずれも草原世界、ないし遊牧と農耕の交接する乾燥地帯であり、いわゆる「中央ユーラシア世界」全体を統合した事業だったといえる。規模としては突厥《テュルク》以来のことだった。

図4でいえば、Ⅰ・Ⅱ・Ⅲ・Ⅳにまたがる中央の乾燥地帯全域であり、そこをモンゴルが単独で掌握したことを意味する。ここから外縁にある農耕世界に展開することが可能となった。一三世紀後半、モンケ以後のモンゴルの拡大は、まさにそれを企図したものなのである。

モンケは次弟のクビライ（一二一五—九四）に東方、三弟のフラグ（一二一八—六五）に西方の経略を命じた。前者のターゲットは、淮河以南のいわゆる「江南」中国、後者はアム川以西のいわゆる「イーラーン・ザミーン（イランの地）」を中心とする。いずれも農耕が優勢で人口も稠密な、古代以来の文明を誇る土地であり、なおモンゴルの勢威が及んでいないところだった。

そこを征服すれば、前世紀に多元化し、南北で対立相剋をくりかえしていたアジア世界、

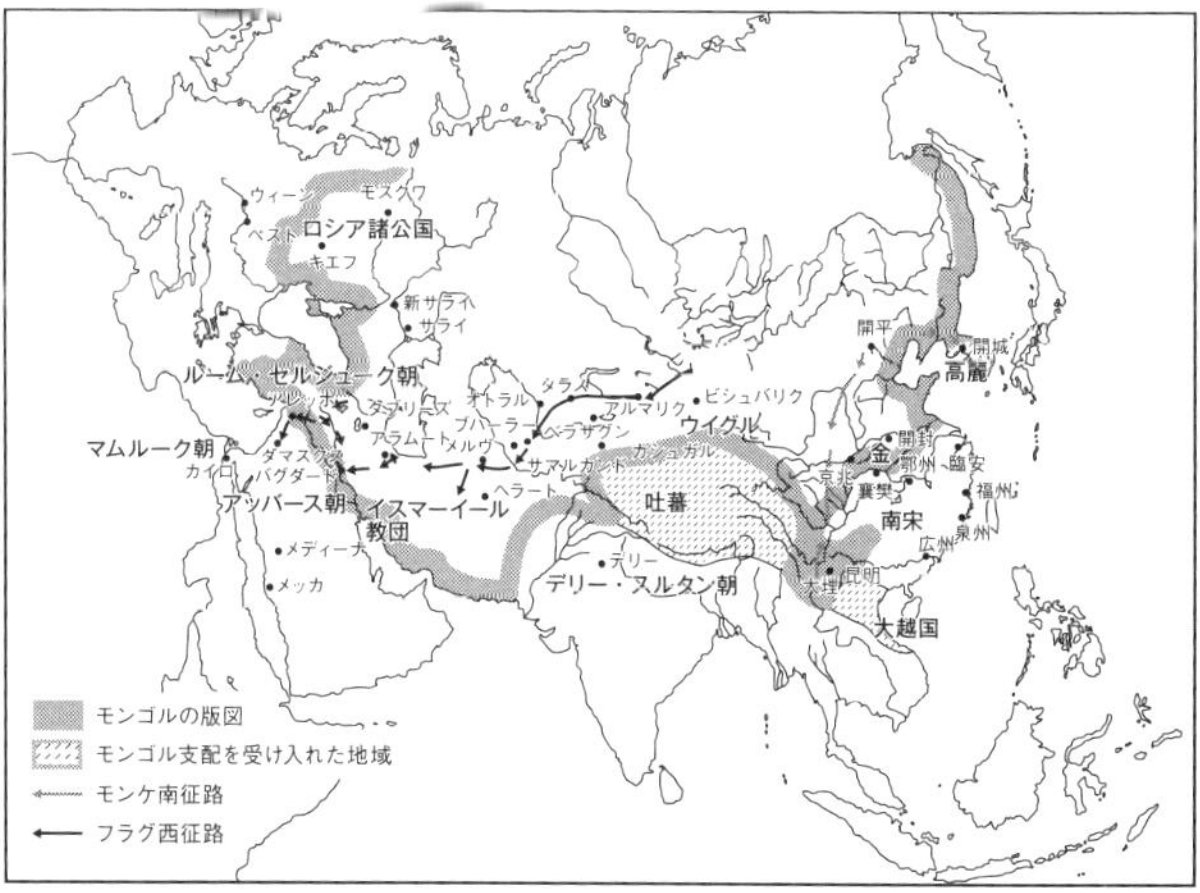

出典）本田 1991

図20　モンケ時代（1251－59）

つまり「中央」にとどまらないユーラシア全体の統一を完成に導く。モンケはどうやら、明確にそのねらいを有していた。帝国建設の第二ステージというにふさわしい。

†フラグの西征

フラグは一二五三年、西征軍総司令に任ぜられて、モンゴル高原を出発した。二年をかけて中央アジアを進軍し、道々各地の兵力を糾合して、大部隊を編成した。

緩慢な行軍で外に無言の圧力をかけつつ、アム川のほとりに至ったのが、一二五五年も末に近づいたころである。そこでイーラーン・ザミーンの諸勢力に向背を問い、ほとんどが反抗しないとみきわめたのち、翌年早々、アム川を渡り、軍を進めた。一転、神速の行軍である。

フラグ軍の攻撃目標は、まずイスマーイール派であった。イスマーイール派はイスラームの少数派・シーア派の最も過激な一分派であり、かつてファーティマ朝を建てたこともある。一一世紀にハサン・サッバーフ（?—一一二四）が指導する教団が、イラン高原で勢力を伸ばし、スンナを信奉するセルジューク朝と激しく対立した。敵対勢力に暗殺という攻撃手段を用いたことから、「暗殺教団《アサシン》」の別称が生まれたという。

かれらはアラムートの城砦を中心とする山岳地帯に拠って、独立政権を打ち立て、南はファールス・東はホラーサーンにいたる広大な勢力圏を築いた。ともかくイスマーイール派をしのぐ軍事力は、イーラーン・ザミーンに存在しなかったから、モンゴル側がまず狙ったのも当然である。

ところが攻撃を受けたイスマーイール派は、まもなく教主が投降し、本拠地のアラムート城砦は無血開城、ほとんど戦闘らしい戦闘もなく、モンゴルの軍門に降った。めぼしい武力を有する敵対勢力は、これでいなくなる。時に一二五六年の末、アム川を越えてまだ一年も経っていない。

フラグはついで、すみやかに軍を展開させて、イラク方面にすすんだ。第二の目標は、アッバース朝である。オリエント一円を覆った往年の勢威は、すでに失われて久しいものの、正統《スンニ》のカリフとしてムスリムの間では、なお絶大な権威を保っていた。そのためにモンゴルの征服事業には障碍となりうる。

フラグはアッバース朝の本拠バグダードを水も漏らさぬ布陣で包囲し、一二五八年のはじめ、カリフのムスタースィムを捕縛、殺害した。時に一二五八年二月、五百年つづいたアッバース朝の滅亡である。カリフという存在も消滅した。過激なシーア派とスンナの中心を瞬く間に失ったイスラームも、否応なく新しい時代に入ったのである。

もちろんフラグの西征が、これだけで終わるはずはなかった。かれは軍をさらにシリアへすすめ、一二六〇年二月にアレッポ、四月にダマスクスを陥落させている。まさに向かうところ敵無しの進撃だった。

シリアを制圧する以上、当然その先のアナトリア・エジプト、そして地中海も視野に入っていたはずであり、それこそ、かつてのアケメネス朝・ウマイヤ朝・アッバース朝のように、オリエントの再統合をめざしていたかもしれない。しかしそれは、永久に実現しなかった。

陥落したばかりのアレッポに陣を構えていたフラグは、本隊とともに東へ引き返す決意をしたのである。大カーンの長兄モンケの訃報がとどいたからであった。

†クビライの簒奪

モンケは当時、四川に滞陣していた。本拠のモンゴル高原にいてしかるべき総帥のかれが、親征を敢行したについては、若干のいきさつがある。

中国方面の経略は、弟のクビライに任せていたはずである。ところが当のクビライは、江南の南宋を正面から攻撃することは避け、一二五三年、西に迂回して雲南を攻略したきり、長期戦の構えをとった。攻撃の至難なことを知っていたからである。しかしこれがモンケの怒りを買った。大カーンは速戦即決を望んでいた。

モンケは一二五八年、自ら軍を率いて四川方面に遠征、クビライに督促して、長江中流域の制圧を命じた。しかしクビライが軍を進めないうちに、モンケ本軍が先行して戦闘をはじめ、まもなく膠着状態に陥ってしまう。そうしたなか、一二五九年の夏に流行った疫病で、モンケは急死した。

大カーン不在のモンゴリア本国と中国の前線は、混乱に陥らざるをえない。本国をあずかっていた末弟アリク・ブケ（一二一九―六六）は、旧モンケ政権を当然のようにひきつごうとした。やがて正式の手続きを践んで、大カーンに奉戴される。

それに対し、前線で転戦中のクビライは、モンケの譴責を受けたままだった。モンケ路線を受け継ぐ新政権にしたがっても、不利な立場に置かれることは必定である。そこでかれは、中国南方に散在する軍をとりまとめたうえで北還し、大兵力を掌握しつつ、開平で自立して大カーンの位に即いた。時に一二六〇年。開平はクビライがその四年前、モンゴル高原東南隅の草原に建設した都城で、中国経略の拠点にしていたところである。

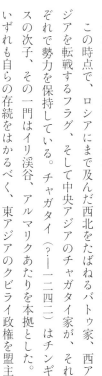

両雄並び立ち、相譲らない事態になった。これではけっきょく、軍事力の差がものをいう。正統とはいえないながら兵力に勝るクビライが、敵対勢力を圧倒した。アリク・ブケは一二六四年に降服し、名実ともにクビライの新政権が発足する。

クビライ

この時点で、ロシアにまで及んだ西北をたばねるバトゥ家、西アジアを転戦するフラグ、そして中央アジアのチャガタイ家が、それぞれで勢力を保持している。チャガタイ（?―一二四二）はチンギスの次子、その一門はイリ渓谷、アルマリクあたりを本拠とした。いずれも自らの存続をはかるべく、東アジアのクビライ政権を盟主として承認せざるをえなかった。なかんづくチャガタイ家は、モンケ即位にあたって弾圧をうけ、衰微していたから、積極的にクビライの簒奪に与して、勢威の回復をはかったのである。ユーラシアを覆うモンゴル帝国の枠組が固まった瞬間であった。

2 モンゴルの達成

†停止する拡大

一二六四年、クビライが大カーンに即位したことで、モンゴル帝国はその外形をほぼ完成させた。以後、クビライ政権、すなわち大元国《ウルス》が南宋を併呑する征服事業はあったけれども、一三世紀前半を通して続いた爆発的な軍事拡大は、ここでようやくその動きを停止した。成長の限界に達し、創業から守成の時代に入ったというべきだろう。

その契機をなしたのは、西征の途上にあった実弟フラグの進退である。かれは一二六〇年、長兄モンケの訃報をうけとるや、ただちに軍を返した。あわよくば後継の大カーンに

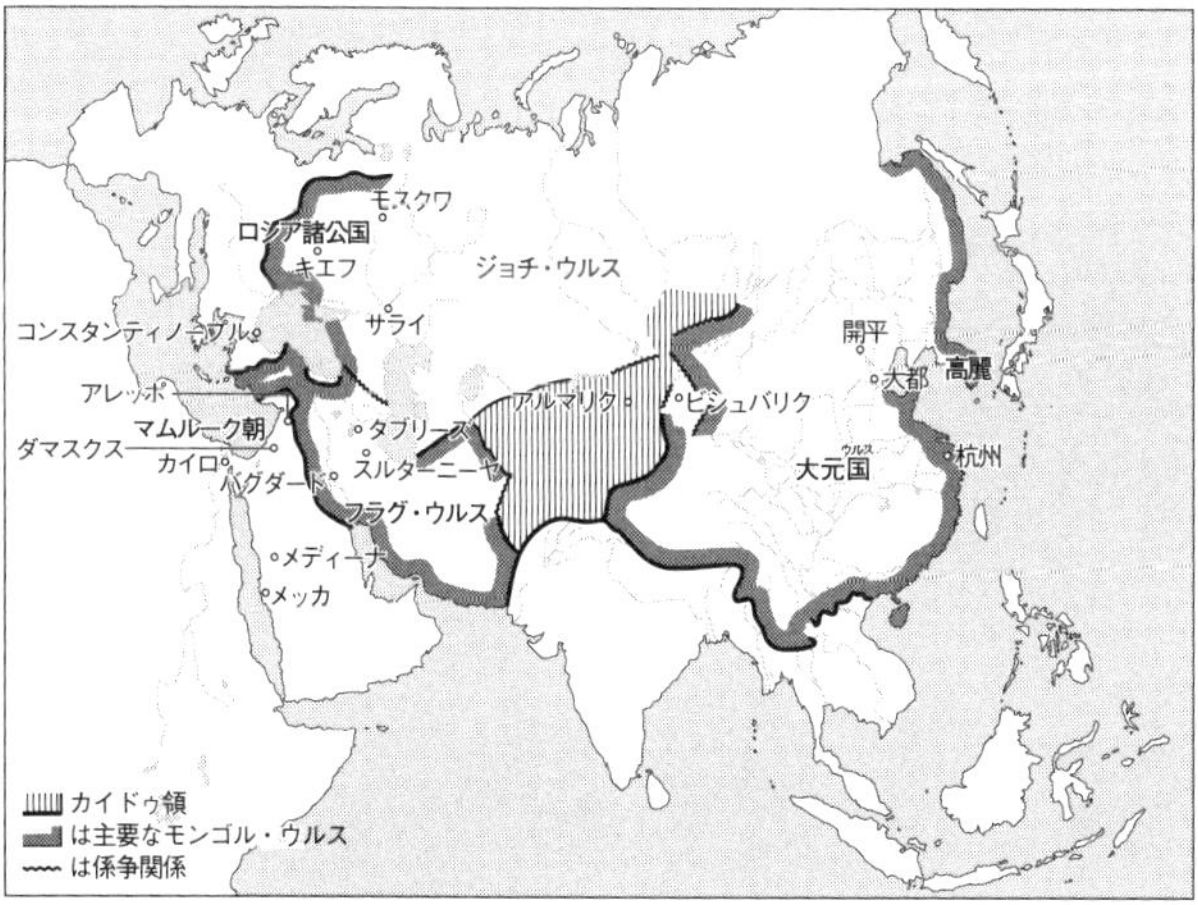

出典）本田 1991

図21　1300年前後のモンゴル帝国

おさまろうとのねらいがあったからである。

しかしアゼルバイジャンのタブリーズまでもどってきた時、次兄のクビライが自立したとの報が舞い込む。フラグはクビライが以後、モンゴリア本拠の末弟アリク・ブケと争う形勢になったのをみてとり、形勢を観望すべく自立した。史上これをもって、フラグ・ウルスの成立とする。

これに先だつ同年の春、フラグはアレッポから反転するにあたって、先鋒の騎馬軍一万あまりをシリアに残した。その残留軍はエジプト方面に進み、マムルーク朝の反撃に遭って、九月二日、アイン・ジャールートの戦いで大敗する。

敗れたモンゴル軍は、シリアから撤退せざるをえなかった。マムルーク朝は危機を脱し、シリアを確保して、モンゴルと対峙する。かくてフラグの勢力範囲が以後、イラン世界を形づくって、マムルーク朝治下のシリア以西・アラブ世界と明白に分かれた。現在まで続くイスラーム圏の構造を決定づけた瞬間でもある。

西進を阻まれたフラグの勢力は、北とも険悪な関係になった。そもそもフラグの西征は、モンケ時代・モンゴル挙げての事業だったから、その遠征軍もかれ一人のものではない。モンゴリア・中央アジア・西北キプチャク草原それぞれから、牧民を出して編成されていた。その戦果がフラグの自立となっては、ほかの勢力・地域が理不尽に思うのも、やむをえない仕儀である。とりわけバトゥ一門のジョチ・ウルスは、南隣のアゼルバイジャンの草原に魅力を感じていたから、タブリーズを本拠にするフラグ・ウルスと鋭く敵対した。

かくてフラグ・ウルスの自立は、モンゴル内部の軋轢を起こし、その対外的な膨脹を不可能にしたのである。まもなくフラグが急逝して、西アジアの政情はいよいよ流動的になった。中央アジアも対内的には、チャガタイ一門やオゴデイ一門らの相剋があり、安定を欠きがちだったし、対外的にはフラグ・ウルスとの大規模な会戦も起こって、アム川を挟んだ両者の対立も容易に解けなかった。それぞれが東アジアに位置するクビライ・大元国と離合集散し、内紛に陥りやすい情勢がつづく(図21)。

もはや対外的な拡大はありえなかったし、モンゴル全体の針路も変わらざるをえない。その舵を取ったのは、やはり大カーンに任じたクビライその人であった。

†遊牧政権の集大成

後世の歴史の高みから見下ろせば、モンゴル帝国はユーラシアの統合を通じ、それまでのアジア史・世界史の展開を集大成し、次の時代の準備をととのえ、その扉を開け放って、消えていったと評価できる。これは東西アジアのみならず、日欧を含むいずれのエリアにおいても、そうだったといってよい。アジア史の帰趨も、モンゴル帝国の盛衰した一四世紀の百年を通じて、ひとまず定まった。この前後を境に、世界史の相貌は大きく異なっている。

それがわかるのも、モンゴルのユーラシア統合のなかで、かつてないほど、広汎な史料が残ったからである。岡田英弘(一九三一―二〇一七)はこうした情況を、「世界史の誕生」と呼んだ(岡田 1999)。アジア各地の史実の展開が、いっそう明確に姿をあらわしてくる。

一三世紀前半におけるモンゴル勢力の拡大は、チンギス・オゴデイの二代にわたる草原オアシス世界・中央ユーラシアの統合にほかならない。そこを制覇した遊牧政権をあげれば、直接する先蹤としてホラズム・シャー朝や西遼《カラ・キタイ》、西ウイグル国があったし、とりわけモンゴル高原を本拠にしたものなら西遼に先だつ契丹《キタン》、はるか以前にさかのぼれば、さらにウイグル・突厥《テュルク》が興亡した。

自然・生態的ないし社会・生業的な条件は、ひとまず通時代的なものであって、大きく変わるわけではない。砂漠をふくむ乾燥地帯、そこに草原を追い求める遊牧民と点在するオアシスで農耕に従事しながら暮らす定住民、そして両者入り交じって営まれる商業という要素である。

そのなかで、遊牧勢力の打ち立てる政権がしばしば、広域の支配圏を形づくった。これは砂漠や草原が、海洋と同じく、人口居住の点からいえば、海洋と同じく広大な空白であり、一定のリスクはありながらも遠隔快速の連絡ルートだったからである。

船を使って一気に対岸まで押し渡れる海洋のように、草原では馬があれば、容易敏速に遠距離を踏破することができた。その意味で、遊牧政権の空間的な広さは、後世の大英帝国のような、いわゆる海洋国家のそれと比すべきものといってもよい。

しかしいかに広大といっても、時と場合によって、広狭にちがいはあったし、また安定性にも差違が生じた。遊牧民と定住民の関係をいかに組み合わせて安定させるか、政権それぞれで、必ずしも一様ではなかったからである。

そもそも軍事力では、遊牧勢力のほうが圧倒的な優位に立つので、権力を握るのは当然である。それでも人口に勝り、経済力を有するのは、定住社会のほうだった。だから史上の問題として関心を引くのは、前者の軍事権力と後者の民間経済という二元世界をいかに関係づけ、組み合わせ、体制化したか、その確実性・持続性にある。

これも突厥あたりから、それぞれの政権で一再ならず、試行錯誤が確認できる。そしてモンゴルに至って、ようやく一定した形にまで、発展をみたというべきだろうか。

†軍事と通商

遊牧民と定住民はその生態系・慣習の違いから、往々にして互いの有無を補い合わなくてはならない。有事には掠奪や戦争で、その解決が達せられる。だがそれはむしろ例外であって、平時ほとんどの場合は、交易・交渉を通じて関係をとり結んだ。

そしてそれ以上に、両者は機能的に結合した。一方の軍事権力と他方の民間経済は、前者が後者に与える保護と後者が前者に供する物資により、相互に依存し補完しあえるからである。

以上がすでに論じた基本・プロトタイプであり、こうした相互関係がいわゆるシルクロード上に展開した。遊牧世界と農耕世界の境界線上に市場《マーケット》・都市が発生し、商業と文明が発展する。

その商業とは具体的にいえばキャラバン、「隊商」貿易である。こうした広域の経済関係は、つとにソグド商人の独擅場であり、国際経済はかれらの牛耳るところだった。その広汎な経済力・交渉力がペルシア文明の伝播をもたらし、やがて突厥・唐の軍事力・政治力と結びついて、東アジアにも多大な影響を与えた。これもさきに論じたとおりである。

まもなくその本拠だった中央アジアが、トルコ化・イスラーム化すると、遊牧・定住をまたにかけた経済界で活躍したのは、東方のソグド系ウイグル商人と西方のイラン系ムスリム商人となる。両者はおおむね、パミールを境とする東西に棲み分けた。

前者と結びつくことで、強大化した勢力が契丹である。後者のほうが具体的に確認できるのは、やや時代が下って、ホラズム・シャー朝の強盛化に寄与した事実であり、それはすでに、モンゴル勃興の前夜のことだった。

そうした点から考えると、チンギスによるモンゴル初期の膨脹は、純軍事的な征服事業でありながら、それだけの意味にとどまらなかった。いわば国際的な財閥と結びつき、それをとりこんだからである。モンゴルはこれを契機として、いっそうの拡大を果たすことになった。

まずは隣接する西ウイグル国が、モンゴルに荷担した。杉山正明（一九五二―）によれば、以後「国際頭脳集団」ウイグル人が「モンゴルと一体化し」、「モンゴルを誘導し、一面では乗っ取ったとさえいえる」ほど、政権運営の中枢を握ることにもなる（杉山 1997）。だとすれば、いち早いウイグル人の帰服がもった意味は、はかりしれないほど大きい。

ついでチンギスが西進し、マー・ワラー・アンナフルに入って、ホラズム・シャー朝を打倒したさい、治下にあったイラン系ムスリムの多くがモンゴルになびいた。これで東西に棲み分けていた経済圏が一つの政権のもとに統合し、ユーラシアの最大幹線たるシルクロードも貫通したことになる。

ソグド系ウイグル商人・イラン系ムスリム商人はこうして、たがいに自らの通商圏を東西に拡大させ、いっそう大きな利潤を得ることができた。モンゴルの軍事的・政治的な拡大は、かれらが企て促し、利用していた、といっても過言ではない。

しかしそこは、やはり相互依存だった。モンゴルもまた、そうした商人資本の資金力・情報力・交渉力を駆使して、自らの政治目的を円滑に達することができたからである。

†首都圏の建設

軍事拡大の時代はこのように、遊牧民と定住民がいわばそれぞれの長所を生かし、役割を分担し補完し合う形になっていた。しかしクビライ時代は、もはや軍事拡大は難しくなったから、従前の方法では通用しない。守成の時代にふさわしく、遊牧民・定住民ともに享受できる経済的な繁栄を達成する必要がある。

それに適した組織をつくり、運営してゆくにあたって、クビライは比類のない力量を発揮した。かれが即位してから手がけた事業は、当時最も人口稠密で生産力の高い江南・南宋の併呑もふくめ、そうした新たなシステムの構築だったといってよい。

最も目に見えやすいのは、都城の建設である。中国のいまの首都は、いうまでもなく北京。古くは燕や幽州などがあったのと、ほぼ同じ場所ながら、現代の北京は直接には、モンゴル帝国までしかさかのぼれない。しかも一三世紀も後半、クビライが権力を掌握して

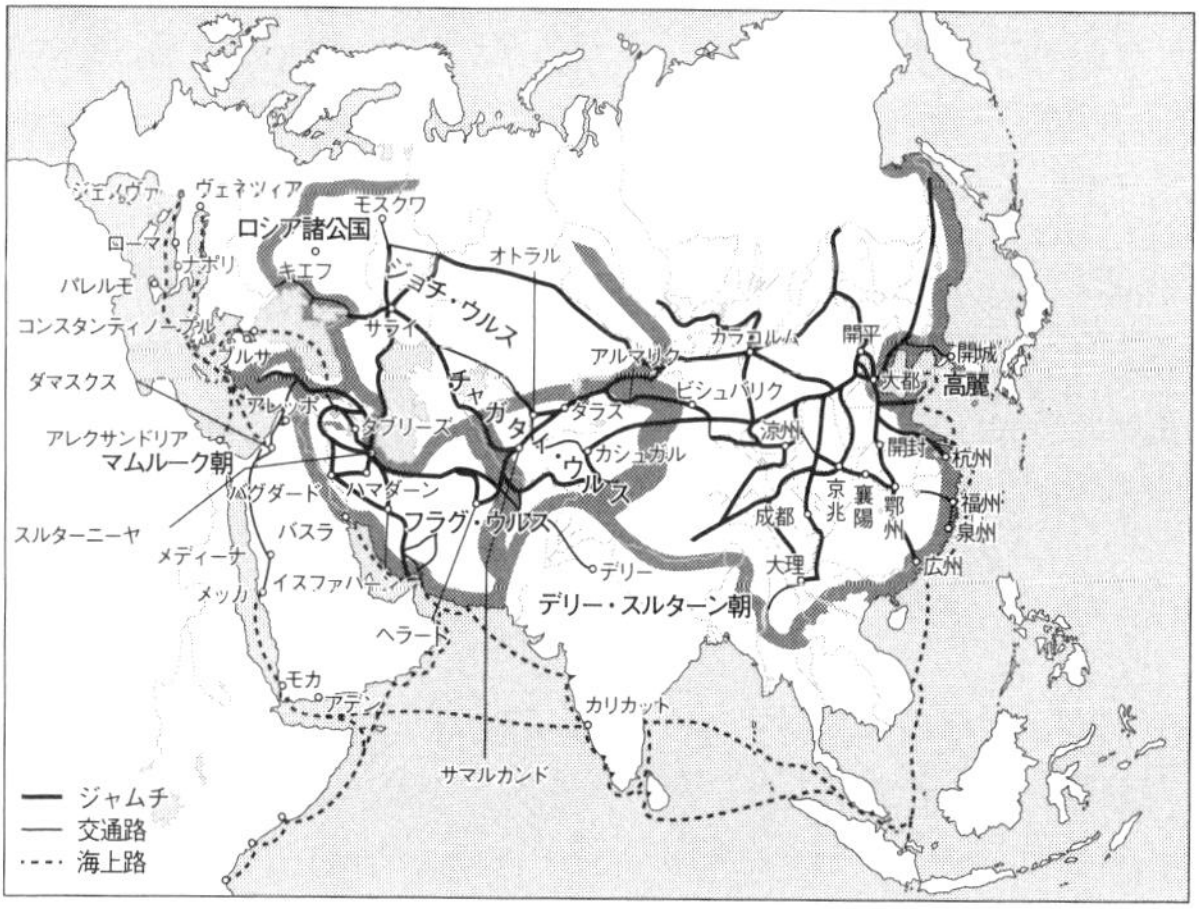

出典）本田 1991

図22　モンゴル時代のユーラシア

からの時代である。しかり、北京とはモンゴル・クビライにはじまる都城なのである。

北京周辺は中原からすれば、北の端に位置する地域である。ということは、まさに農耕と遊牧の境界地帯にほかならない。そのすぐ北に万里の長城があることを考えると、農耕世界の北限ともいえる。クビライがこれに先立って営んだ戦略拠点の都城・開平は、長城の北側に位置するので、こちらは遊牧世界のほぼ南限であった。クビライは政権を握ると、この開平に続いて、さらに大規模な都城をいまの北京の地に建設した。大都である。

そもそも遊牧民は毎年、夏営地と冬営

地を移動する生活を送る。大きな勢力・政権の支配集団になっても、それはかわらない。住居はトルコ語・モンゴル語で「オルド」と呼ぶ移動式の天幕で、本来は都市の中に住むことはない。しかしながらすでに述べたとおり、ウイグル・契丹では、遊牧地の中に城郭都市を建設し、そこに定住民を移住させ、生産・交易の拠点としていた。

クビライが築いた開平と大都は、その最も大規模にして組織的な応用例であろう。草原の南限たる前者が夏営地の拠点都市、いわば夏の都で、農耕の北限の後者は、冬の都であった。クビライ以後の大カーンは毎年、あたかも遊牧世界と農耕世界を結びつけるかのように、宮廷と軍隊をひきいて両都を往還した。

その間を隔てること、およそ三百五十キロ。その一帯が二つの世界に跨がったいわば首都圏である。生産施設や倉庫をそなえる聚落、官営牧場や軍事拠点を設け、軍事・政治・経済の中枢機能が集中していた。

もちろんいわゆる首都圏だけではない。モンゴル高原や中原の各地に封ぜられたクビライ配下の王侯も、同じく夏営地と冬営地に城郭都市を築いて、定住民を含みこんだ遊牧支配圏を保有することが少なくなかった。

しかもこうした圏域が個々孤立していては、その意義は半減する。たがいに接続、連絡、交流しなくてはならない。

モンゴルの拡大を通じて、パミールの東西を貫く広域の交易が可能になった。その恒常化には、交通・運輸・物流の安定とそれを支える施設の整備が欠かせない。**図22**のようなユーラシア規模のジャムチ（駅站《えきたん》）網は、その最たるものである。これが幹線であり、そこから無数の支線が伸びていた。貿易商の保護者たるモンゴル政権の面目躍如といったところである。

†商業と徴税

クビライ政権はこのように、遊牧と農耕、移動と定住を有機的・安定的に結合させるしくみの構築に意を注いだ。以上を建築や設備など、ハード面の措置だとすれば、組織・制度など、ソフト面でも革新を果たしている。

クビライを補佐したのは、著名なところでは、アフマド（阿合馬、?—一二八二）・サンガ（桑哥、?—一二九一）などの経済官僚である。かれらはイラン系ムスリム商人出身、上に述べたとおり、かつてはパミール以西で経済界を掌握し、遊牧政権と密接な関係をとり結んできた財閥だった。パミール以東の財界を牛耳った西ウイグル国のソグド系ウイグル商人に続き、イラン系ムスリム商人は早くからモンゴルに帰服し、ともに成長一途の政権の財務を支えてきたし、それを転じて、自らの利益拡大の機会ともしてきたのである。

ペルシア語が当時のユーラシアの国際語であったのは、こうしたイラン系ムスリムの広汎活潑な活動が、当時最大の影響力を有していたからである。現代の英語に相当するといってよい。

かれらは草原オアシス世界を本拠にした商人だから、モンゴルと提携することで、あつかう取引の範囲は拡大したし、資本もいよいよ大規模になった。そこで少なくとも、二つの特徴が浮かび上がる。

第一の特徴は企業形態であり、資本の増大にともなって、共同出資が多くをしめるようになった。これをトルコ語で「オルトク」といい、文字どおりには「仲間」「パートナー」「組合」の意である。漢字では「斡脱」と表記した。西洋でも partnership や company が、企業として会社を意味するのとかわらない。それと同時に、経営も多角化したから、「総合商社」と形容する向きもある。

クビライ政権はこうした数多くの「オルトク」を管轄する専門官庁を設けた。というよりも、「オルトク」がほぼそのまま官庁化し、その代表者が官僚を兼ねて、モンゴル権力の保護下に入り、その施設を利用した、とみたほうが正確かもしれない。

かれらはその見返りとして、自らの商業利潤の一部を税収という形で、モンゴル政権に上納した。こうした税収は公共事業に支出する一方で、クビライから賜与として王侯・貴族など有力者に給せられる。いずれも再び「オルトク」に対する出資となった。政権と企業が一体で経済秩序を維持し、投資事業をすすめるしくみである。

このように税収は、ほとんどを広域の商業流通過程からとりたてることになった。これを「タムガ税」と称する。タムガ tamya とはモンゴル語・トルコ語で印璽《ハンコ》の意であり、当時この税を漢語では「商税」と訳す場合が多い。けれどももう少し広い、むしろ専売も含む「課利」とみたほうがいっそう正しいだろう。

そしてその徴収も、政権に近い大口の企業に、一括して請け負わせる方法が普通になった。これが負担する側の商人も、とりたてる側の政権も、最もコストの少ない簡便な方法だったからであろう。いずれにしても、クビライ政権は農業からの徴税ということは、ほぼ考えなかった。タイアップする遊牧政権・商業資本の発想である。

†通貨制度

いまひとつの特徴は、そうして動く資金の中身である。広汎多様な相手と交易取引する以上、決済には誰にでも通じる通貨を用いなくてはならない。当時それにあたるのは銀だった。主としてイラン系ムスリム商人が、西方で用いてきたいわば国際通貨・外貨である。モンゴルの勢力拡大とともに、その使用が東方にもひろまった。商業資本が政権の税務を担ったため、取引の決済にくわえて、徴税・納税でも銀によらねばならなかったからである。東西広域におよぶ銀だての財政経済が、こうしてモンゴルの統治下で確立した。

もっともあらゆる局面で、銀の実物を使うというわけにはいかない。当時はまだまだ希少な貴金属である。銀を通貨として使用する習慣のなかった東方で、とりわけそうだった。従前の東方・東アジアは銅銭・鉄銭、そして紙幣が流通する世界である。中国オリジナルの銭は、唐宋変革で普及した貨幣だったものの、いかんせん一枚一枚がごく少額であっては、以後の経済発展にともなって増える大口の取引には、嵩張って不便になっていた。

そのため有価証券から発達した紙幣の使用がはじまったのである。ところが金にせよ南宋にせよ、中国の政権が苦しんだのは、発行した紙幣の信用維持であった。兌換準備の調達と発行紙幣の回収が、必ずしもうまくいかなかったのである。

クビライ政権は、そこを克服した。国際通貨の銀は、もちろん東方での交易決済でも使用するので、これを兌換準備にすれば、紙幣の運用が容易になるし、また納税を紙幣で義務づければ、その回収もはかどる。

政権の財政・税務をとりしきる商業資本が円滑な経営をすすめ、紙幣の発行・回収を調整し、需給の均衡を保つかぎり、その価値も維持できた。この紙幣を基軸通貨とすること

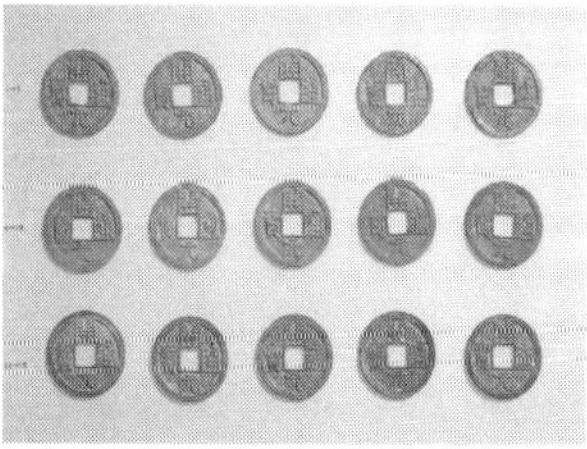

開通元宝（中国銅銭のスタンダード）

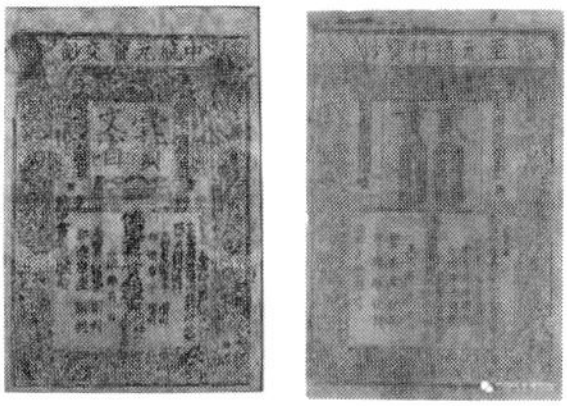

モンゴル帝国の紙幣

図23　モンゴル時代の貨幣

で、いっそう商業経済が活性化したのである。

たとえば最もおそくモンゴルに帰服した旧南宋の江南でも、以上の商業・税務・通貨のシステム化が、ほどなく波及した。モンゴル政権が商税や塩専売のタムガ税を江南から徴収し、その収入を財源として、大都を中心とする華北・草原の購買力が喚起される。それによって江南の米穀・特産物が北上し、その代価として紙幣が江南にもたらされると、在地の商人がその紙幣を買付資金に転用、生産者に分配し、あらためてタムガ税納入の手段となって、中央に集中する、というプロセスをたどった。こうした循環が中断しないかぎり、北方の財政も江南の産業も稼働拡大しつづけ、紙幣の流通がいっそう普及してゆく。

こうしてクビライ政権以降、軍事拡大をやめたモンゴル帝国は、むしろ経済で新生面を切り開き、世界を新たな段階に押し上げた。広域の商業化、銀だての財政経済、流通過程からの徴税とその請負など、いずれも以後のアジア史の構造と展開を規定する不可欠な要素を形づくったものである。

3　ポスト・モンゴルの転換

†陸から海へ

卓絶した軍事勢力として発足したモンゴル政権。かれらは一三世紀の前半、ユーラシアの大半を軍事的政治的に統合すると、その過程でむすびついた商業資本と提携し、同じ世紀の後半期には、新たなシステムを構築して、いわば経済国家への脱皮を遂げた。その交流圏・経済圏は、政治的な支配がゆきとどいた範囲より、一回りも二回りも大きい。ほぼ当時のユーラシア世界全体を巻きこむ規模となっていた。

純軍事的な政権としてはじまったモンゴル帝国は、クビライ時代に大きく転換したのである。ユーラシアをみわたすと、各地なお政治的な多元性と潜在的な対立を残しながら、全域は商業で一つに結びつく経済交流圏となっていった。そこに少なからず寄与したのは、クビライ政権がいわゆるシルクロード上の商業資本と提携して作り上げた幣制・流通の組織である。

そしてそれは、陸上だけにはとどまらず、やがて海上にも展開していった。モンゴルの勢威が沿海にまで達すると、政権に寄り添う陸上の商業資本・経済圏も当然、以前からインド洋を中心に活動していたムスリム商人の交易とリンクする。モンゴルは政権として、その結びつきを組織化しようとした。商業資本との提携の応用・拡大というべきだろうか。

既存のムスリム商人の海上交易ネットワークは、個別には東方のシナ海にまで伸び、たとえば江南沿海の港には、すでにムスリムのコミュニティもできていた。南宋から大元国《ウルス》にいたる時期、泉州に在住し、大きな影響力をもっていた蒲寿庚《ほじゆこう》という人物が、たとえばその典型である。

大元国に与し、南宋の滅亡に荷担し、貿易の繁栄に尽力した「蒲寿庚の事蹟」は、モンゴル政権とムスリム海上交易のリンクを体現するものだった。日本の東洋史学の草分け・桑原隲蔵《くわばらじつぞう》（一八七一―一九三一）がその研究を通じて、当時のシナ海貿易の全貌を明らかにし、斯学を世界トップレベルに引き上げたことで、つとに有名である（桑原 1989）。

海を隔てた日本の「蒙古襲来」も、そうした海外進出の一環だったという説もある。その真偽はともかく、日本とモンゴルは政治的には敵対関係にあったけれども、民間の交流や交易は以後も活潑だった。日本列島もかくて、ようやくこのころから、世界史の舞台に登場する。「蒙古襲来」とその撃退は、その象徴的な出来事ではあった。

極東のシナ海に展開するくらいだから、はるかに頻繁かつ活潑な交通ルートであった西方の地中海にも、モンゴルとその関係勢力は早くから進出している。したがって十字軍とも接触をしたし、西欧も巻きこんだ経済関係を形づくりはじめていた。

†「一四世紀の危機」

政治軍事は史料に残りやすく、したがって歴史としては、目につきやすい。けれども短期的な事件が多く、後世に及ぼした影響や有した意義のほどは、かえってはかりづらいのに対し、経済文化は直截の記述として史料に残りにくいものの、長期的に推移する情況として俯瞰すれば、その影響はむしろ明らかである。以上の経済的なユーラシア統合の経過が、後世に対するモンゴルの濃厚な影響を決定づけた。

しかし当時のリアルタイムについていえば、まもなく次第に暗雲がたれこめてきた。時に一四世紀も後半にさしかかっている。

一〇世紀以来、温暖になっていた気候が、この時ふたたび寒冷化に転じたのである。それにともなって、天災疫病が世界的な規模で発生、蔓延した。有名なヨーロッパのペスト流行は、その代表例である。いわゆる「一四世紀の危機」の到来だった。

現在でも災害・疫病は大きな脅威であって、人々は少なからずその被害を甘んじて受けるしかない。ましてや当時の制度・組織で、この「危機」を克服するのは、とても不可能であった。

モンゴル時代の場合は、なおさらであろう。そのユーラシア統合が、技術革新と生産力の増大、移動交通と流通商業の活潑化など、それまでの温暖化に乗じて、その趨勢にふさわしいシステムの拡大をつづけた結果だったからである。

ユーラシアのモンゴル諸政権は、「一四世紀の危機」のなか、それぞれ崩潰、瓦解していった。中国では、いわゆる元末明初の大乱が起こっている。大元国は江南・中原をあいついで喪失し、大都を退去して、モンゴル高原に撤退した。

そのため、草原世界と農耕世界を一つにまとめるべきシステムが、ズタズタになってしまう。経済もこうしたなか、当然どん底にまで落ち込んだ。

ユーラシア全域の統合は史上、これで永遠に失われた、といっても過言ではない。少なくとも爾来、現在に至るまで、そのような史実経過は、存在していない。もちろんモンゴル帝国のような内陸から沿海へ向かう勢力の伸張、統合のベクトルが皆無だったわけではないけれども、以後の動きで顕著になるのは、むしろ逆の方向なのである。

モンゴル帝国の諸ウルスが統治した範囲の外郭は、従前のアジア史の地域構造によって定まった。モンゴルがユーラシア全域を統合する一方で、在地レベルでは諸ウルスの統治が、以後そこの集団がまとまってゆく基盤となる。こうして**図4**にみたアジアの生態的な地域構造が、政治社会的に地域区分として顕在化していった。

そして「一四世紀の危機」で、相互にむすびつける紐帯が失われると、各々の地域は自立性を増し、分断解体の趨勢が鮮明となり、以後のアジア史の構図も固まってくる。そこでこれを「ポスト・モンゴル」の時代とよぶ向きもある。

†チャガタイ＝トルコとティムール朝

まず中央に位置する中央アジア、いわゆるシルクロードの中核地帯からみよう。モンゴル政権では、チャガタイ・ウルスにあたる。

西進したモンゴルはここで、多数を占めるトルコ人ムスリムと混淆して、一体となった。その地は、トルコ化・イスラーム化以前からの住民だったイラン系のソグド人以来、ペル

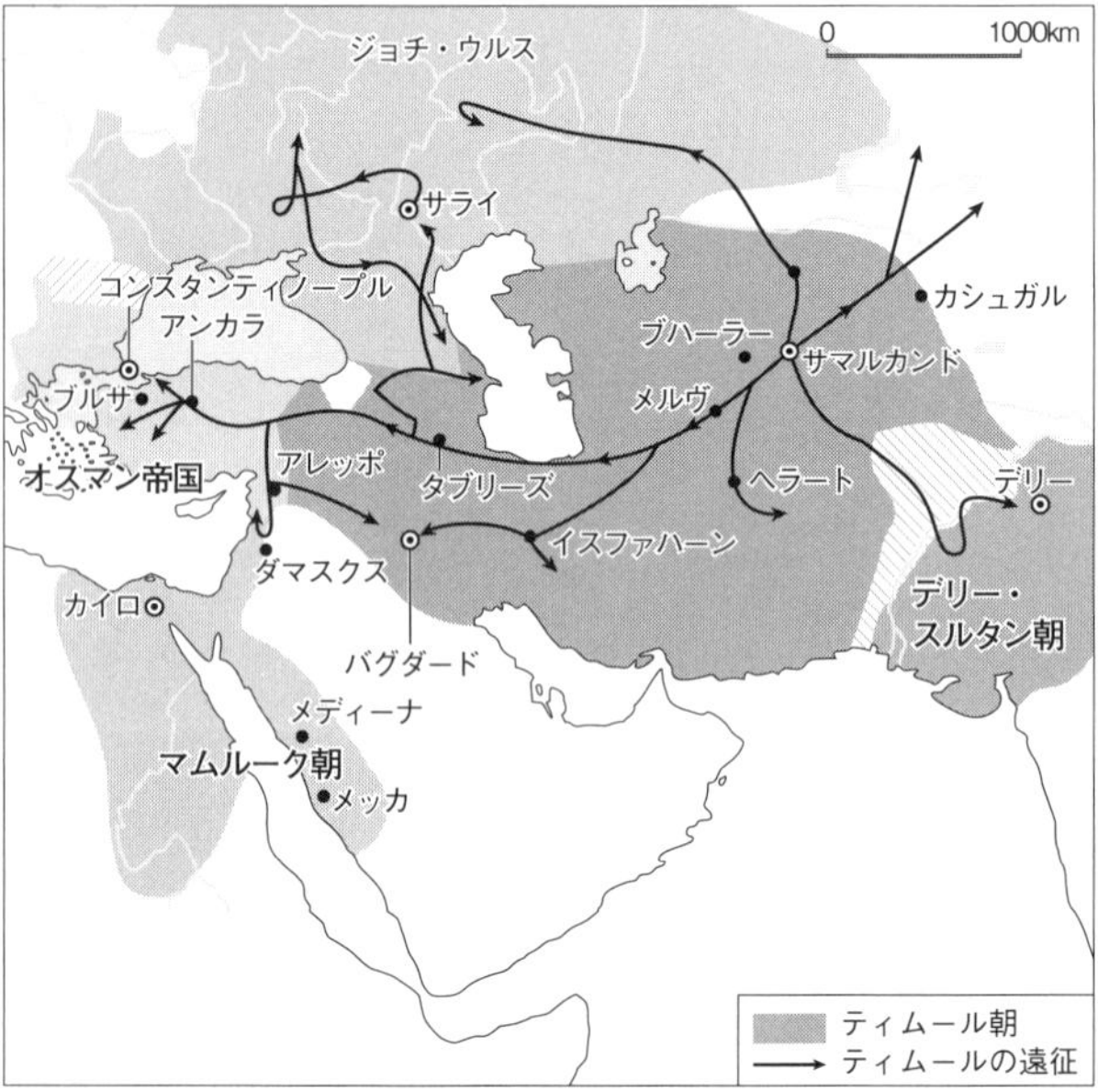

図24　ティムール朝（15世紀）

シア語が共通語の地位を占めている。かれらは一貫して商業金融を掌握し、国際的な財閥だったから、イラン系商人の使うペルシア語が、モンゴル時代も国際語《リンガ・フランカ》であった。とりわけ中央アジア以西がそうである。

そして中央アジア現地では、トルコ化以降、新来のトルコ系の言語を中心に、ペルシア語やアラビア語の語彙語法を加えた書記言語が成立した。チャガタイ＝トルコ語という。

東西の十字路という要衝を

占めたがゆえに、かえってともすれば東西に分かれがちだった中央アジアは、モンゴル治下でイスラーム信仰が定着したこととあいまって、ようやく一つの文化圏を形づくった。チャガタイ・ウルスやフラグ・ウルスなどのモンゴル政権が潰えた後、ティムール（一三三六―一四〇五）が現れて、サマルカンドを中心に勢力を四方にひろげ、一大帝国を築いた。

そのティムール朝はまさしく、モンゴル帝国西半の後継者だった。その政権構造も、ほぼモンゴルを踏襲している。一五世紀には世界の中心といってよい繁栄を誇り、ヘラート・サマルカンドなど主要なオアシス都市では、チャガタイ＝トルコ文学が中核をなす一大文明が開花し、栄華を誇った。

しかしそれは永くは続かなかった。ティムール朝が衰亡すると、この地域はウズベク系の割拠政権が局所的に隆替し、不安定な政情がつづき、次第に地盤を沈下させる。

これにはおそらく経済的な情勢が関わっていた。この地域を支える隊商《キャラバン》交易は、個々の政権と結びついて、それなりに利益をあげ、繁昌したかもしれない。しかしモンゴル時代までに有していた重要性と広汎性を回復することはできなかった。この時期以降、海洋貿易が拡大し、やがて大航海時代につながってゆくからである。陸路の隊商交易はそれに比すれば、頽勢たるをまぬかれなかった。

当のティムール朝の末裔バーブル（一四八三―一五三〇）の足跡・事蹟が、すべてを物語っている。中央アジアの政争に敗れたバーブルは、南下してアフガニスタンを経、ヒンドゥスタンに新天地を求めた。ムガル朝の建設である。海洋と結びついたインドの経済的繁栄が、その興隆を約束した。

インド史の軌道でいうなら、中央アジアから南下して北インドを支配した遊牧政権は、それまでも少なくなかった。そうした波動の継続にはちがいない。「チャガタイ」人の遊牧勢力が、インドまで拡大したといえよう。しかしこのたびは、隣接する中央アジアの相対的な地盤沈下が、表裏一体となっていた。ムガル朝成立以後、遊牧勢力の南下君臨という歴史過程がくりかえされることはなかったからである。

つまりそれはおそらく、史上未曾有の局面で、次の時代の幕開けを告げるものだった。のち一九世紀後半になって、インド・中央アジアに拠った英露のグレート・ゲームがはじまり、中央アジア・トルキスタンの地がのちにロシア人と漢人の征服に屈し、分割されてしまうのも、そこに由来すると考えてよい。

†イランの形成

ティムール朝が衰退して以後、イラン人を主とするアム川以南以西、いわゆる「イーラーン・ザミーン（イランの地）」は、あらためてひとつにまとまる動きを示した。大づかみな地域の範囲は、旧フラグ・ウルスにあたる。その規模を継承したのが、サファヴィー朝であった。

サファヴィー朝が確立したのは一六世紀前半、イスマーイール一世（一四八七—一五二四）の時代である。かれはホラーサーンのメルヴで、ティムール朝をほろぼした中央アジアのシャイバーニー朝をやぶって、その勢力の南下をくいとめ、政権の安定をもたらした。

おおむね一一世紀、中央アジアがイスラーム化・トルコ化して以来、トルコ・モンゴル系遊牧民の軍事勢力は、くりかえし西アジアに南下西進をしてきた。かつてはセルジューク朝やホラズム・シャー朝の拡大、またフラグの西征もティムールの征服も、そうした波動の一齣である。

だから長期的にみれば、サファヴィー朝の勝利は、一貫して続いてきた中央アジアからの波動がついにやんだ歴史的転換でもある。西隣するオスマン帝国の登場・隆盛とあいま

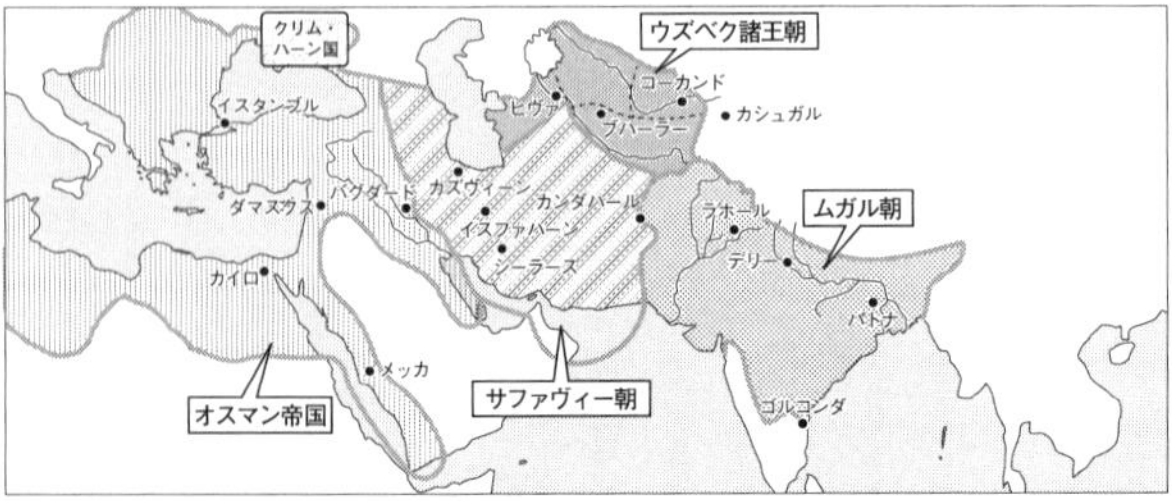

出典）森本 2009

図25　1700年頃の西・南・中央アジア

って、ユーラシア西方が安定に向かう転機となった。

サファヴィー朝は「シャー」を君主固有の称号として復活させ、いわゆる古代ペルシアの再現をはかったのにくわえ、十二イマーム派を政権の信仰として採用した。現在もイラン・アゼルバイジャンでは、各地にシーア派が根づき、イスラーム圏の他地域とは政治的・文化的に異なっている。そうした趨勢は、このサファヴィー朝の方針が決定的な転機をなした。もっともこの時点で、そうした分岐を過大に考えてはならない。

サファヴィー・ムガル・中央アジア、そして後述するオスマンは、たがいに隣接していたから、政治的・軍事的には確かに、往々にして敵対する局面に陥った。しかしながらイスラームやペルシア語文化は共通していたから、それを媒介とする人々の往来・交流は、むしろさかんだったといってよい。**図25**はそれをあらわしている。一八世紀の後半までバランスのとれた、安定した秩序を保っていた。

このサファヴィー朝はもともと、アゼルバイジャン草原の遊牧軍事力が建てた政権である。アゼルバイジャンはフラグ・ウルスが本拠とした場所でもあり、したがってそれ以前の政権とほぼ同じ組織構造をとっていた。

つまりトルコ・モンゴル系遊牧民の軍事力を権力の根幹とし、その有力部族が各地の実権を掌握すると同時に、イラン系定住民が民政にあたり、経済的な役割をにない、政権を支えてゆく体制である。これは先代のティムール朝、さらに大きくみれば、東アジアもふくめ、モンゴル帝国を通じて共通する権力構成であった。

あえていえば、モンゴル帝国西方の後継者たるティムール朝が解体したのち、その重心が南方沿海に移って、インドのムガル朝とイランのサファヴィー朝に引き継がれたわけである。こちらも新しい時代に入ったとみることができる。

†オスマン帝国

そのイランの西隣、シリア以西はいわゆるアラブ圏、ムスリムの大多数を占めるスンニ派の世界である。けれども、それ一色ではない。東方からくりかえし来攻したトルコ系遊牧民の勢力が割拠していたし、さらに欧亜の地域を問わず、ローマ以来のキリスト教徒も少なくなかった。またモンゴルの勢力も残存している。そのなかから勃興したのが、オスマン帝国であった。

オスマン帝国はもともと、アナトリアにいたトルコ系の一遊牧集団である。それが次第に勢力を拡大し、一四世紀半ばにはバルカンへ進出して、キリスト教諸国をあいついで服属させた。これでアナトリア随一の勢力に成長したオスマン帝国は、一四五三年にコンスタンティノープルを征服して、いっそう大きく発展する。

コンスタンティノープルはいうまでもなく、アジアとヨーロッパ、黒海と地中海を結ぶ地政学上の要衝である。十字軍が地中海を制するために、その掌握をめざしてやまなかったのは、有名な史実である。したがってその征服は、オスマン帝国が東地中海を制する一大勢力に成長したことを示す。

そればかりではない。コンスタンティノープルは同時に、東ローマ帝国の都であった。オスマン帝国がそこに遷都したことは、四世紀以来のローマ帝都の主となって、古くはアレクサンドロス大王、それに続くローマ皇帝の後継者としての正統性を得たにもひとしい。

しかもその帝都には、正教会の頂点であったコンスタンティノープル総主教座が、ずっと存続している。オスマン皇帝・政府の自意識はどうあれ、オスマン帝国はこうして、キリスト教徒・ユダヤ教徒をも支配する正統性を帯びた。

オスマン帝国はまた一六世紀初頭、イスラームの二大聖地メッカ・メディーナを管理下に置いた。これにより、全ムスリムの義務たる聖地巡礼をおこなう人々を保護する役割を果たし、イスラームの中心という地位と権威をも獲得して、ムスリムに君臨するにいたったのである。

さらにオスマン帝国は、東に隣接するモンゴル系の諸政権と対抗すべく、モンゴル的な正統性を身につけなくてはならなかった。正統なチンギス裔のクリム・ハーン国をとりこんだのが、その典型的な事例である。オスマン帝室はしばしば、チンギス家との血縁関係を標榜する一方で、クリム・ハーンの家格を尊重した。オスマンの帝系が断絶したら、クリム・ハーンの後継が擬せられることとすらあったのである。

オスマン帝国は拡大を続け、アジア・アフリカ・ヨーロッパの三大陸にまたがる一大勢力となった。これは以上のように、オスマン帝国がローマとイスラームとモンゴルを一身に継承する存在だったからである。なればこそ、必ずしも多数派ではなかったトルコ系の政権が、これだけ広域の多様な人々に君臨し、統治を布くことができた。

†近世アジアの展開

もっともそうしたありようは、オスマン帝国のみに限らない。条件と程度のちがいこそあれ、ムガル朝・サファヴィー朝でも、共通する特徴である。「チャガタイ」の系譜をつぐムガル朝は、ヒンドゥーが多数をしめるインドに君臨したたし、サファヴィー朝もトルコ系の政権で、イラン人社会を統治した。

特徴が共通するのは、偶然ではない。いずれもイスラームであり、なおかつ政治社会構造も、共通する面が多かったからである。主として軍事政治をになう遊牧起源の支配者、経済文化をになう在地定住民の共同体が存在していた。そのため双方の事情に通じたエリートが両者をつないで、統治全体を成り立たせる。こうした方法はモンゴル帝国で確立したものであった。「ポスト・モンゴル」と称するゆえんである。

上は政治体制から下は生活様式にいたるまで、いわゆる言語・宗教・慣習は多様でありながら、その統治範囲内においては、一定のまとまりを保っている。諸宗派・聖俗・政教の共生共存だった。

イスラームはこの点、便宜だった。昨今の原理主義や過激派がくりかえす痛ましい事件が目立っていることもあって、イスラームといえば、他者を排斥する非寛容な宗教だとみなす向きが少なくない。現代の教義解釈や行動様式は、確かに目前のリスクとしても考える必要があろう。しかし歴史的にみるなら、イスラームの政権は法制度上、異教徒を包含することを前提としていた。

そのため、たとえばキリスト教徒やヒンドゥー教徒らに対しても、たんに君主が異教徒の臣民をしたがえることで、統治はひとまず十分に成立した。サファヴィー朝やオスマン帝国のように、そのうえに古代ペルシア、あるいはローマや正教会など、在地の正統性・普遍性を兼ね備えていれば、いっそう君臨が円滑になろう。

われわれの観点からすれば、こうしたありようは、むしろ民族の未分化・雑居、あるいは宗教の混在といいたくなる。しかしながら、それはやはり、「民族」や「宗教」といった近代的な既成概念と不可分の価値観による蔑視にすぎない。

西アジア・中央アジア・南アジアでは、草原・遊牧と農耕・定住が交錯していた。そうした所与の環境・条件で、なるべく平和な共存をすすめ、円滑な統治をおこなうには、こうしたやり方がやはり合理的だったのである。複数の正統性と普遍性を組み合わせて重層させたともいえようか。

ただ、上述のように西アジア・中央アジア・南アジアは、それぞれの内部で統合は実現しても、かつてのモンゴル帝国やティムール朝のように、すべてが一つにまとまることはもはやなかった。相互をつないでいたシルクロードの経済的文化的な比重が低下し、遠心力が勝ったからである。

その遠心力とは、それぞれの地域の外から引きよせる沿海に存した。述べてきたところでは、インド・ムガルの浮上が典型的ながら、いっそう日本人によくわかる事例がある。それが近接する東アジアにほかならない。

4 明清交代と大航海時代

†明朝の成立

モンゴル帝国が崩潰した後、いわゆる「ポスト・モンゴル」の西方では、およそその遺制がつづいたといってよい。中央アジア・インド・西アジアはいずれも、遊牧・移動と農耕・定住、モンゴルとイスラームの習合する体制を築いて、多元共存のシステムを再編、維持したからである。

トルコ・イラン、さらにはアラブ・ローマと、それぞれ構成要素とその組み合わせにバリエーションはありながら、相互を結びつけた根本原理は変わらない。在地の正統性・普遍性を重ね合わせる方法である。一五世紀のティムール朝、以後のオスマン帝国・ムガル朝・サファヴィー朝、いずれもそうだった。

しかし東アジアは、それとはいささか異なっている。そこはクビライの血統の大カーンが君臨した、大元国《ウルス》の統治範囲であった。当時の世界で最も富庶の地たる江南をかかえた、ユーラシア全域にひろがる経済システムの心臓・中枢でもある。

「一四世紀の危機」は東アジアに甚大な爪痕を残し、大元国も解体した。そこまでは、西方とかわらない。ところがパミール以西・以南では、ティムール朝を経、それぞれの地域がまもなく再統合したのに対し、東アジアは全体でみれば、分断の状態が永く続いた。

何より反モンゴルを国是・祖法とする明朝が誕生したからである。一三六八年に成立したこの政権は、およそ三百年間、万里の長城をはさんで、モンゴルと対峙しつづけた。

反モンゴルといったのは、単にモンゴル政権と相容れない政治的な立場をとって、対立関係に及んだばかりにとどまらない。明朝はモンゴル帝国・大元国が作り上げた草原遊牧・農耕定住の多元共存システムそのものに逆行する体制をとったのである。すなわち共存の根幹をなす広域の商業流通をいわば否定し、反商業・反貨幣、現物主義の財政経済、さらには極端な貿易統制などの政策を遂行した。

そうした明朝の方針も、ひとまずは当時の「危機」的情況という現実に立脚していた。天災・戦乱による治安の悪化と生産の不振、商業流通の萎縮と通貨制度の破綻。こうした不況と混乱の極にあって秩序を再建するには、社会経済に対する統制の強化が必要だとみなしたのである。具体的には、交通の制限によって治安の回復をはかり、商業の抑圧によって農業の復興をうながすというねらいであり、かくて大元国とはまったく逆のベクトルをもつ体制ができあがった。

†「中華」の純化

これは新政権が成立する過程で、そなえざるをえなかった性格によるところも大きい。明朝はクビライに最後まで抵抗していた旧南宋、江南を中心に成立した政権であり、大都からモンゴル政権を駆逐することで確立した。したがってその存在理由《レゾン・デートル》を主張するには、モンゴル・大元国を否定するのがやはり最も便宜である。

そこで「中華」を自尊し、他者を「外夷」として貶める漢人オリジナルの儒教思想を動員した。けれどもそれを単なるスローガン・イデオロギーのみにとどめず、現実の政策・制度とリンクさせつづけたところに、明朝政権の特異さがあった。

モンゴル時代ではもちろん、東アジア・中国大陸も中央アジア・西アジアと同じく、大元国のもとで多種族が多元のまま共存、習合する局面は多かった。しかし生態環境的な構造は、必ずしも同じではない。東アジアは西方よりいっそう截然と、南と北あるいは東南と西北に二分できるからである。

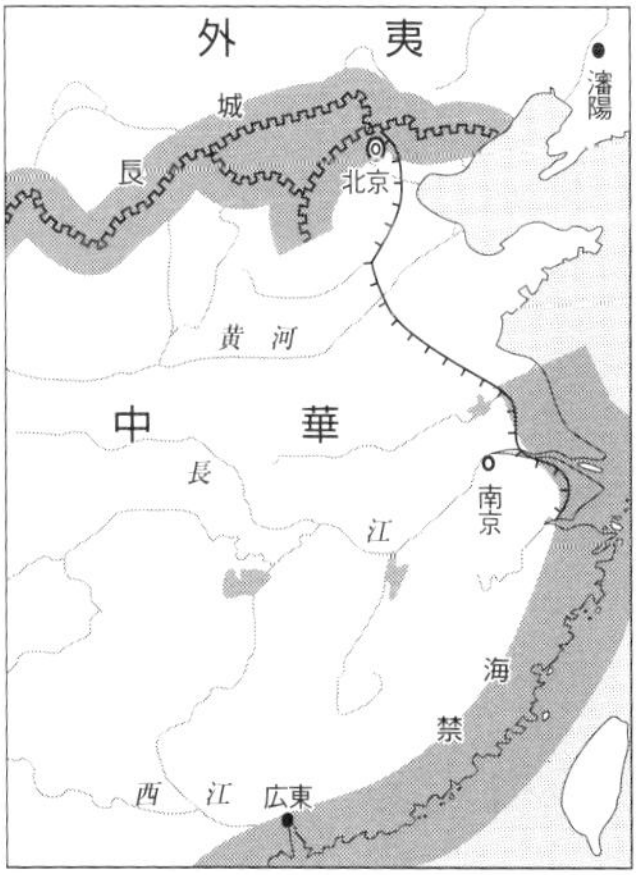

出典）岡本 2011

図26　明朝の版図

前者はモンスーン湿潤気候で農耕・定住の世界、後者は乾燥気候で遊牧・移動の世界である。乾燥気候でありながら農耕をおこなう黄河流域の「中原」、つまり華北平原のみ、南北が交叉し、双方の勢力が入り乱れ、せめぎ合う舞台となった。そのために、ここがしばしば東アジアの歴史を大きく動かしてきたのである。

明朝は江南に興り、そこから中原を併呑した。湿潤農耕地域の江南と遊牧・農耕が交錯する乾燥地域の中原とを一体化し、漢人の「中華」に純化しようとした。そのために「中華」の農耕と「外夷」の遊牧とを画分、隔離する万里の長城をあらためて構築したのである。

長城ばかりにとどまらない。海上の交通・貿易も厳重な統制を設けて、海岸線を結界とした。「板きれ一枚、海に浮かべてはならぬ」、いわゆる海禁である。その方面でも「中華」の純化を徹底した。

こうして「ポスト・モンゴル」の東方は、生態環境にも応じて、東南の「中華」漢語儒教圏と西北のモンゴル圏が、長城をはさんで対峙することになった。そのモンゴル圏にはチベット仏教が普及しはじめ、宗教的・習俗的にも南北が分離する傾向が強まった。短くとっても一四世紀末から一六世紀末までのおよそ二百年間、両者はそれぞれ自らの純度を高めつつ対立併存したのである。

†社会の商業化

そうした並存は、必ずしも平和裏にすすんだわけではない。明朝は「中華」を自任する以上、周辺が一等下った「外夷」でなくてはならなかった。そのためモンゴルはじめ各国を臣従させようと、武力行使も辞さなかったから、明朝の辺境では、つねに治安の悪化する火種がくすぶっていたのである。

それに拍車をかけたのが、経済趨勢である。明朝が創始した反商業・反貨幣の現物主義、極端な貿易統制などは、当初からほどなく破綻していった。一四世紀後半の「危機」で、いかに不況を極め商業が萎縮衰退しても、それは常態ではありえなかったからである。

中国の貨幣経済・商品流通は、多かれ少なかれ一〇世紀以前、唐宋変革の時代から定着してきた。現物主義・貿易統制はやはり、アナクロニズムでしかない。しかも事態は、さらに進行する。

一五世紀以降、蘇州を中心とする江南デルタで絹・木綿の手工業が勃興し、農産物はいよいよ商品化し、未開地の新たな開発もすすんで、地域間の分業と相互依存が進展した。ヒト・モノの移動が活潑になり、中国の社会全体が商業化・流動化してゆく。

しかし活性化した流通に供すべき貨幣がなかった。現物主義の体制だったからである。また貴金属を通貨の代用にしようにも、もはや金銀の埋蔵産出がなかったため、海外より入手するしかない。

そこで貿易の欲求が、にわかに強まった。経済を動かそうとすれば、金銀を使用せざるをえず、それを入手するには、貿易をせざるをえなかったからである。

ところが明朝政権は、金銀の使用も民間の貿易も禁じていた。違法行為である。民間はそれにもかかわらず、貿易をおこなって銀を用いた。絹・棉・茶・陶磁など、魅力的な特産品の生産が定着し、やがて国内市場から溢れて、外国側の渇望をかきたてたからであり、それと同時に、中国の側もあくなき貨幣需要を有していたからである。「中華」の一体化・純化という明朝の制度・政策に、内外こぞって背いたにひとしい。

†「北虜南倭」

内外はこうして経済的な利害で一致し、明朝が「中華」と「外夷」とを隔絶する結界とした海岸線・長城線上に、「華」「夷」一体のコロニーをつくりはじめる。明朝はそれでも、旧制に固執して貿易を公認しようとはしなかった。密輸として取締・弾圧を実践、強化すれば、貿易業者は武力に訴えてでも、抵抗せざるをえない。だから辺境では、大なり小なり紛争がたえず、いよいよ治安が悪化する。

沿海ではこれを「倭寇」と称した。文字どおりには日本人の海賊という意味ながら、もちろん中国の人々と通謀協働しなくては、取引は成立しない。一六世紀なかば、明朝当局と内外一体の密輸集団が武力衝突した事件も起こった。「嘉靖の大倭寇」である。

そうした情況は、東南だけではない。北方でも、遊牧世界を隔絶する長城を越え、密貿易は盛んになっていた。遊牧民の馬と中国産の茶を主要品目とする取引である。こちらも東南沿海と同じく紛擾がやまず、対立はエスカレートし、モンゴル挙げての大侵攻、北京の包囲攻撃すら起こった。しかもそこには、長城以南の人々もかかわっていたから、やはり純粋な遊牧政権の侵攻とはいえない。

この事件も一六世紀なかば、「嘉靖の大倭寇」とほぼ時期を同じくする。明朝はそこで、こうした外患を「北虜南倭」、北方遊牧民「韃虜」と南方海賊「倭寇」がひきおこした脅威だと称した。

しかし脅威の実体は、むしろ国初以来の体制に執着する明朝の姿勢がもたらした事態である。すでに内外あい通じなくてはならない経済・社会となっていた。にもかかわらず、「中華」の純化と「外夷」との隔絶を頑なに改めなかったからである。破綻に瀕した旧制に固執したため、かえって自らが脅威を受けなくてはならなかった。

かたや「北虜」も「南倭」も、内外・「華」「夷」を問わない多種族の多元的な集団・社会だった。そのなかから、次代を担う勢力・政権もあらわれる。満洲人を中心にモンゴル人・漢人が結集した清朝であり、二百年以上にわたって分立、対峙し、紛擾のまぬかれなかった東アジアも、清朝の登場でようやく共存統合に舵を切った。

†清朝の興起と達成

満洲人はもともと、遼東地域の武装商業集団であり、明朝の漢人と草原のモンゴル人の間に居住していた。一七世紀のはじめに興起し、モンゴルに君臨し、内乱で滅んだ明朝を相続して、東アジアをひとつにまとめたのである。自らを「大清国《ダイチングルン》」と称し、宛然クビライの「大元国《ダイオンウルス》」の後継に擬した。「ポスト・モンゴル」のオスマン帝国・ムガル朝につづく政権となる。

かつてはこうした政体を、たとえば「征服王朝」とよんでいた。マイノリティが君臨しつつ、複数の正統性・普遍性を兼ね合わせたモンゴルの遺制という意味でも、たしかに共通している。

もちろん清朝の内的組織は、かつてのモンゴル帝国とも、のちの西方とも、まったく同

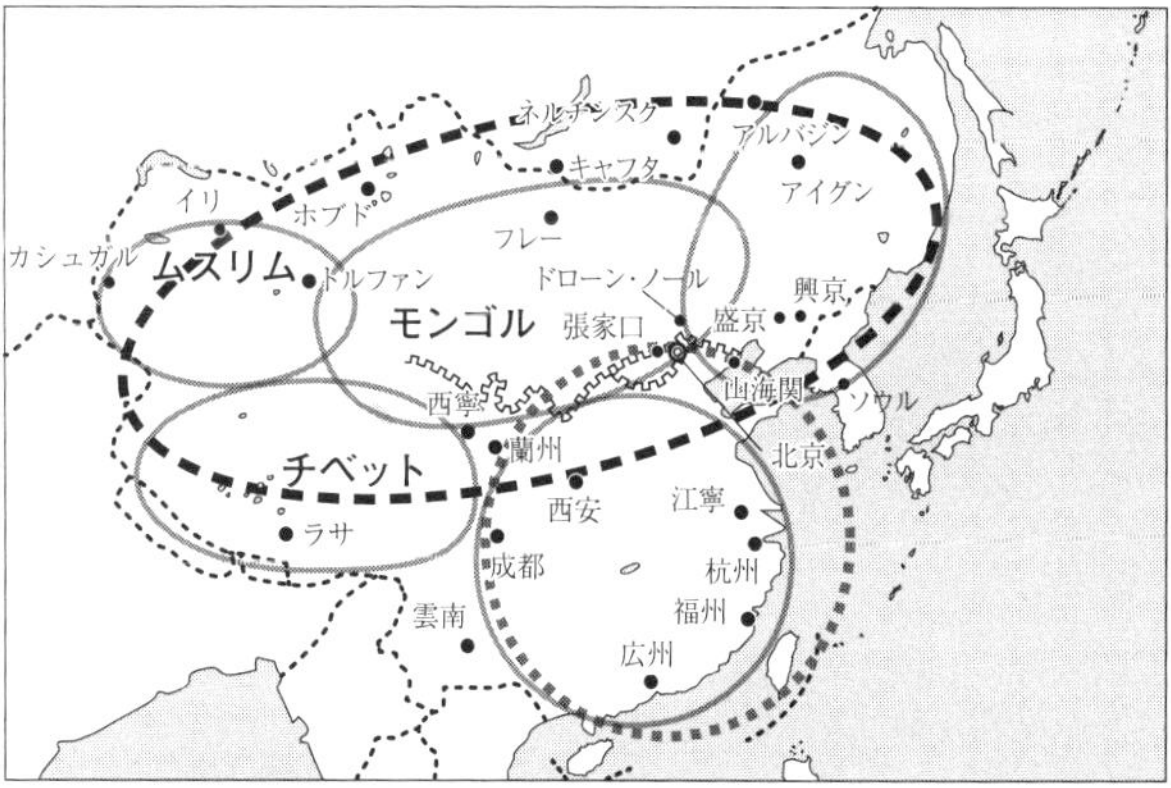

濃い破線の楕円はモンゴル・チベット仏教圏を中心とした内陸乾燥地域
薄い破線の円は儒教漢語圏・モンスーン湿潤地域

図27　清朝の版図

じではない。東アジアは異教徒に寛容なイスラームが希薄だったし、自他を峻別し内外を差別する傾向の強い儒教漢語が存在していたから、多元共存は西方に比べれば、むしろ困難であった。しかも南北の差異も大きい。沿海モンスーンの湿潤地帯と内陸の乾燥地帯では、生態環境の条件がまったく違い、したがって信仰・習俗のありようも異なる。

　そのため清朝の君主は、チベット仏教を信奉するモンゴルの大カーンと中華王朝の皇帝を同時に兼ねて君臨した。西北に向けてはモンゴルの君主、かつチベット仏教の大施主、東南の漢人には儒教の擁護者、かつ最高の漢語知識人としてふるまったのである。

正統性・普遍性を重ね合わせた統治の方法は、インド・西アジアと同じである。しかし東アジアの場合は、南北に隔たりがありすぎたため、互いにほとんど関係のない別個の政体を複合させざるをえなかった。そのため以後も、漢人とモンゴル人・チベット人とはあまり交渉がなく、相互の認識もかけ離れてしまう。それでも当時、東アジアを平和裏にまとめるには、こうした方法が最適だった。同一人物ながら異なる君主・政権という二重複合的な役割を、破綻なくつとめあげたところに、清朝の達成があったといえよう。

†海上交易

清朝はこのように、「北虜南倭」という内外混淆のるつぼから生まれた。なればこそ、かつて大元国が成し遂げた多元的な東アジアの統合を、あらためて実現できたのである。そうした「北虜南倭」の情況は、一六世紀に本格化していた。時に世界は、大航海時代である。もちろん両者は無関係だったはずはない。

インド航路・アメリカ大陸がヴァスコ・ダ・ガマやコロンブスらに「発見」されたのは、一五世紀の末である。それ以降、ほぼユーラシア大陸のみを舞台に営まれていた世界史は、地球全体を覆うグローバルなものに転じた。その原動力は文字どおり、「大航海」である。インド洋・大西洋・太平洋など、大洋を押し渡る航海がなくては、グローバルな歴史ははじまらない。

もちろん、この時はじめて世界に海上交通・海洋交易が生まれたわけではなかった。つとに見てきたとおり、地中海は古くから、世界史の主要舞台である。シリア・ギリシア・ローマ、ついでウマイヤ朝イスラームの内海であり、交通交易の中枢として顕れてきた。そのイスラームはアッバース朝に入って、東方に勢力の鋒先を転じたので、海上の交易も西の地中海から東の大洋に拡がる。こうして、インド洋を通じたムスリムの交易活動が盛んになっていった。

そうはいっても、全体からみれば、ムスリムの手になる海上交易は、なお副次的である。世界規模の交通と商業の大道は、やはりいわゆるシルクロード、陸路にあって、海路の比重はまだ高くなかった。ユーラシアの歴史はモンゴル時代まで、陸上世界史というべきものである。インド洋沿岸がそれに対応する唯一の海岸であり、大西洋と東シナ海は世界の果てだった。

それでも海上交易は着実な発展をとげ、最果てのシナ海にも、唐代からつとにムスリム商人が往来している。沿海各地には、ムスリム・コミュニティもできていた。かれらが大元国のもとで大きな役割を果たすにいたったのは、前回すでに述べたとおりである。

クビライ・大元国は日本に対する「元寇」もふくめ、くりかえし海上遠征を試みた。この事業は軍事目的のほか、インド洋からシナ海にわたって分散していたムスリム通商の統合・組織化をめざすものだったという説がある。だとすれば、一五世紀のはじめ、明朝の永楽帝がおこなった鄭和の遠征も、直接の動機や目的は異なるにせよ、実体は同じだと考えたほうがよい。鄭和はムスリムの宦官だったからである。

†インドの勃興

一六世紀の大航海時代は、こうした前提の上にはじめて存在しえた。インド航路・アメリカ大陸の「発見」は、そもそも「インド」＝東方の物産を求めた西洋人の行動に由来し、その物産を西にもたらしていたのは、ムスリム商人の海上交易活動である。また飯塚浩一（一九〇六—七〇）の言い回しを借りるなら、インド航路の「発見」とは、ムスリム商人が永らく活動していた航路に、ポルトガル人がムスリムの「水先案内にみちびかれた」だけのことであった（飯塚 1963）。

したがって大航海時代といっても、はじまりはそれまでムスリムが往来していた海上交通に、ヨーロッパ人が参入したにすぎない。しかし以後の経過こそ、重要であった。インド洋・インド亜大陸の浮上である。

インドはそれまで、中央アジアと絶えざる交渉をもちながらも、いわゆるシルクロードの幹線からははずれている。ユーラシア全体でみれば、東の果ての中国・江南以上に、孤立的な存在だったといってよい。ところがティムール朝が衰退して以後、そのシルクロード幹線は、相対的に地盤を沈下させてゆく。世界史に占めた往時の比重を、草原世界がとりもどすことはもはやなかった。

この地域を支える隊商《キャラバン》交易は、もちろん消滅したわけではなかった。全体の絶対的な量でいえば、それほどの減少もなかったかもしれないし、さらに利益をあげていたかもしれない。しかし従前にシルクロードが有した世界的な重要性、あるいは同時期・大航海時代以降の海洋貿易に対比すれば、頽勢をまぬかれなかった。それほどに海上の比重が、急速に増していったのである。

インド洋はかくして、ユーラシアの附随的な沿海から、世界の大道へと化した。それにともなって、中央アジアに代えてインドを、とりわけ経済的に世界の動向を左右する存在、アジアの一大中心たらしめる。かつてなかった世界史の革命的な局面だといってよい。

インドは以後、綿製品や染料をはじめとする魅力的な国際商品で知られるようになった。こうした産物を次々に生みだした経済の発展も、海上貿易の隆盛がもたらしたものである。

†グローバル世界史の形成

こうした陸から海への遷移、草原の沈下と海洋の浮上をもたらしたのは、やはりインド航路の「発見」が最も重大な契機であった。そうした史実経過に、まちがいはない。

そうはいっても、従前から海上の交易ルートは、西はペルシア湾、紅海を通じて地中海に、東に東南アジアを通じてシナ海にと、つながりとひろがりをもっていたはずである。いわゆる「発見」とは、それに喜望峰回りの西ヨーロッパ直結ルートを加えるにすぎなかった。規模はさして変わっていないとみえなくもない。それがなぜ、にわかに比重を高めたかといえば、実にいまひとつの「発見」と結合していたからである。

新大陸の「発見」である。新大陸も「発見」しただけでは、意味が乏しい。そこに潤沢な銀鉱脈が存在し、おびただしい銀を産したことこそ、重大な意義がある。その新大陸から産出した銀が、西ヨーロッパを結節点として、インド洋に注ぎこまれた（図28）。

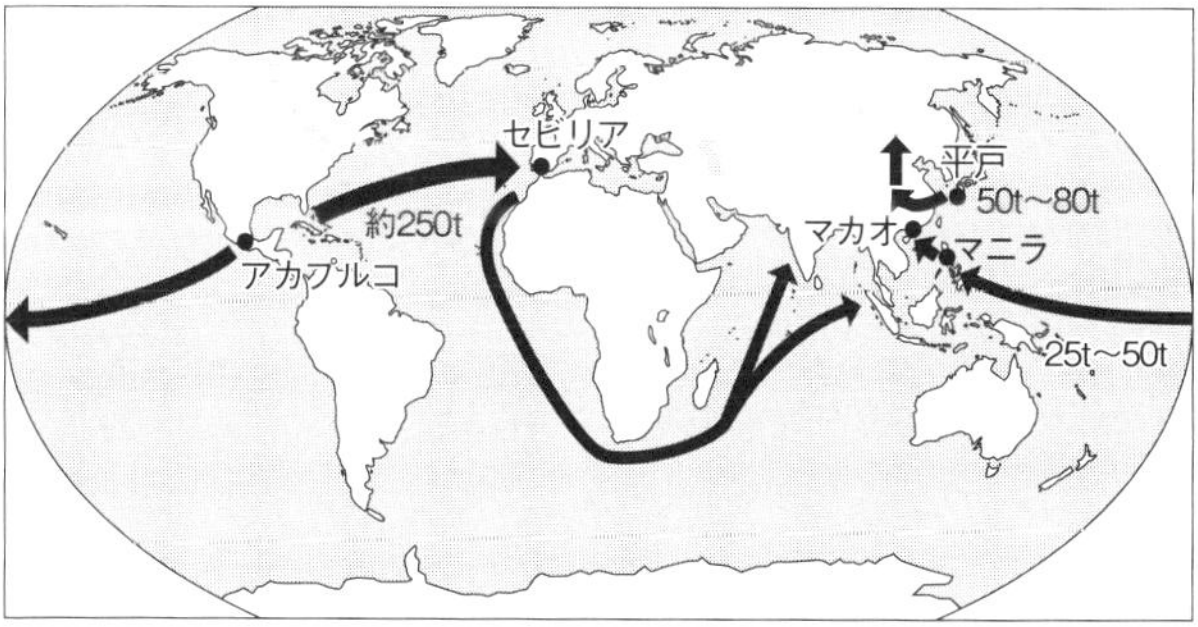

図28　1600年前後の銀の移動

地球の裏側でヨーロッパ人が行っていた鉱山開発は、実にアジア海上貿易のためであり、まずはインドがその銀の行き先ではある。けれども、そこにとどまらない。時あたかも社会全体の商業化と流動化を増していた中国にも、銀は滔々と流れ込んだ。西から東から、地球をめぐって中国に殺到したのであって、一七世紀初め、世界全体の輸出銀の三分の一が中国に流入していたという推計もある。

もっとも中国の場合、新大陸とヨーロッパばかりに限らない。もっと身近に、潤沢な銀を供給してくれるところがあった。それがすなわち、日本列島である。

有名な戦国時代の金山・銀山の開発・採掘ラッシュは、中国の貴金属需要と日中貿易に喚起されたものだった。石見銀山が世界遺産となったゆえんである。一六世紀に日本が急速に富強化したのは、大航海時代と中国がその欠かせない要件となっており、それはひるがえってシナ海の「倭寇」、ひいては中国の「北虜南倭」の情況を生み出し、ついには清朝の登場をもたらす史的要因をなした。

こうした大航海時代の海洋を通じた商業ブームは、もちろん中国・シナ海ばかりではない。むしろそこは、最も遅かったというべきであろう。インド洋はもとより、さらに時代をさかのぼれば、地中海が先んじて経験していたものでもあった。

そうした経済景況に応じて、オスマン帝国がアナトリアから東地中海、紅海ぞいに拡大し、サファヴィー朝はアゼルバイジャンからペルシア湾へ向かい、ムガル朝はアフガニスタンからヒンドゥスタン、さらには南方へ向かった。清朝もふくめ、四者ともに内陸から沿海にひろがる方向は、軌を一にしており、海洋の引力がはっきりとみてとれる。しかし引力源・原動力は、もはやアジアに存しない。

グローバルな世界史とは今・現代につながる世界史であり、主役はここで、西ヨーロッパに代わった。ユーラシアの最果てに位置し、これまでほとんど存在感のなかった地域である。世界史はいよいよ大転回をはじめつつあった。

第Ⅳ章　西洋近代

1　イタリアの盛衰と近代ヨーロッパの胎動

†地中海とイタリア

大航海時代は西洋史学の術語でいえば、とりもなおさず「環大西洋革命」の幕開けである。西欧がアメリカ大陸と一体となって興起し、いわゆる「世界経済」の中核を形成する起点となった。その範囲は「環大西洋」、地球の西半分ばかりにとどまらない。やがてインド洋の交通・貿易の担い手、さらにいえば軍事的な制海権も、ムスリムの手からヨーロッパ人、なかんづくアングロ・サクソンに移ってゆく契機をなす。

世界史の比重はその交代によって、アジアから西欧へ決定的に移行する。「環大西洋革命」はその意味で、やはり世界史上の革命といわねばならない。もっともそうした交代が、たとえば大航海時代から、だしぬけにはじまったわけではないし、そこですぐ、目に見える形で現れたわけでもなかった。長い前史があると同時に、以後のプロセスにも注意を怠るわけにはいかない。

大航海時代をいわゆる西洋史の範囲でみるなら、舞台が地中海から「環大西洋」に転換したことを意味し、主役がイタリアから西欧に交代したことでもある。だとすれば、まずは旧舞台の地中海と旧主役のイタリアの勃興から、みていかなければならない。

地中海もイタリアも、かつて古代ローマ帝国の中枢だったから、勃興というより、再興と称すべきなのかもしれない。フランスの歴史家ジュール・ミシュレ（一七九八―一八七四）がはじめて「ルネサンス（再生）」ということばを使ったのは、そうした意味あいだったのだろう。以後ルネサンスという概念も、まったく一般化してしまった。

もちろんそれは、西洋中心史観である。ローマとヨーロッパとを重ね合わせ、後者を前者の正統な後継者とみなさなくては、そうした史観にならない。

だが、すでに論じてきたように、地中海世界もローマもオリエントの一部であって、ヨーロッパではなかった。そもそもローマ帝国健在のころ、ヨーロッパと称すべき世界は、いまだ存在していない。いわゆる「民族大移動」の数世紀の間も、そうである。

ヨーロッパ世界の成立は、ローマ教皇庁がフランク王国のシャルルマーニュ（七四二―八一四）と提携して、西ローマ帝国を「復興」した八〇〇年に、ようやくはじまった。これは世界史の常識だろう。

†ヨーロッパとローマ

フランク王国とは地中海・オリエントから切り離された、寒冷なユーラシア西北端の片隅、ガリア・ゲルマニアに位置する。その政権が拡大し、北イタリアを併せることで、ローマ教会と一体になった。これがヨーロッパの自立である。いな孤立といったほうがよいだろうか。

だから当時のヨーロッパとは、シャルルマーニュ「帝国」と重なり合うだけの範囲でしかなかった。かつて地中海を「我らが海《マレ・ノストルム》」としたローマ帝国とは、まったく条件・性格を異にしている。客観的には、とても「復興」などと呼べる代物ではない。

いっぽう地中海はほとんど、ムスリムの制するところだった。キリスト教＝ヨーロッパからみれば、「オリエントはピレネーにはじまる」のであって（飯塚 1963）、地中海は依然として、ほとんど「オリエント」だったのである。

たとえばシチリア島の変遷は、その典型である。地中海のほぼ中央に位置し、要衝をなすこの島は、かつてローマとカルタゴが覇を競った焦点であり、ユスティニアヌス以後は、東ローマ帝国に属し、九世紀の後半には、イスラームの掌握するところとなった。こうみるだけで、地中海の覇権の所在を確認することができる。

シチリアのムスリムは、中心の拠点をパレルモに置いた。三千人くらいだったこの町は、その後たちまち三十万人を越える都市に成長し、エジプトのカイロ・イベリア半島のコルドバと並ぶ、イスラームの中心都市になった。その地の利をムスリムが十二分に活かしたからである。

そうした地理的な条件に鑑みれば、地中海に面するローマ、ないしイタリア半島は、ヨーロッパ＝キリスト教の中心であると同時に、オリエント世界・イスラーム圏に臨む最前線でもあった。相手はもとより、当時のヨーロッパよりはるかに先進的な文明を有しており、それがイタリア勃興の前提条件をなす。

†焦点としてのシチリア

そもそも旧西ローマの領域は、三世紀以降の地球寒冷化で、最も痛めつけられた地域のひとつだった。生産の萎縮・経済の衰退にとどまらない。「民族大移動」という名の武装難民の蜂起襲撃、都市の劫掠、施設の破壊、文化の頽廃も著しかった。「暗黒時代」というのも、あながち誇張ではない。

　しかし何世紀にもわたる疲弊と沈滞の後に、ようやく希望の曙光がみえてきた。数百年にわたる労役と開墾を経て、ヨーロッパの農業は活気を帯び、生産力を回復しはじめた。時あたかも長き寒冷化の時代が終わりを告げ、温暖な気候に転じていた。およそ一〇世紀のことである。

　荒地・森林の開発と生産力の増大は、多くの人口を許容する。一一世紀以後のいわゆる「中世」とは、ヨーロッパの人口倍増の時代であった。それがイタリア半島からみた大陸側、後背地におこっていた情勢である。

　では、半島からみた海洋側、窓口のほうはどうか。余剰生産物が農村からあふれ出し、交易流通が始まり、商工業が盛んになり、市場・都市が活況をとりもどしてきた。アラブ・イスラーム化したシチリアの繁栄は、いわばその先駆といってよい。

　イタリア半島は地中海・イスラーム圏に対する最前線であり、なかんづくその接点にあたるのが、南のシチリア島である。ムスリムの手に落ち、イスラーム化したシチリアは、オリエントの農業技術と都市文明をも享受した。ヨーロッパのどこよりも早く、農業・商業の繁栄を築いたのである。

出典）高山 1999

図29　1150年頃の地中海世界

このシチリアと南イタリアを一一世紀に征服して、両シチリア王国を建てたのが、北欧のかなたから渡来したノルマン人である。西洋史で著名なノルマン征服の一つである。

この温暖化の時期になっての海洋移動が、シャルルマーニュ「帝国」のみに孤立し、押し込められてきたヨーロッパの膨脹・反撃の呼び水になった。地中海でいうなら、ノルマンのシチリア征服と、それに続く十字軍の遠征によって、制海権がムスリムの手を離れ、ヨーロッパに移ってきたのである。こうしてイタリアの貿易量全体が急上昇をとげ、ピサ・ジェノヴァ・ヴェネツィアなどの海港都市も隆盛をはじめた。

もっともシチリア・パレルモの繁栄は、ノルマン王国になっても続いた。素朴な蛮族ノルマン人はキリスト教に改宗はしたものの、統治はまったく前代を引き継ぐものだったからである。ムスリムに偏見なく、かれらを積極的に登用し、その政治・経済のシステムを踏襲した。そうであればこそ、両シチリア王国はキリスト教圏随一の先進国となりえたのである。

しかし一二世紀も終わりに近づくと、シチリアの斜陽がはっきりしてくる。むしろ海運・貿易において、北イタリアの諸都市が優位に立ってきた。そうした局面の転換を如実に体現してくれたのが、フリードリヒ大帝（一一九四―一二五〇）の生涯である。

†フリードリヒ大帝

大帝フリードリヒ二世は、神聖ローマ帝国ホーエンシュタウフェン朝最後の皇帝であり、そのためドイツ名で呼ぶならわしである。しかし今の範疇・感覚なら、心身ともイタリア人であって、とてもドイツ人とはいえない。本人はいつもイタリア語で、イタリア以外に住みたくない、と語っていたという。

シチリア王家の血を引くかれは、まずシチリア王となって、パレルモに本拠を置いた。神聖ローマ皇帝に即位してもドイツを顧みず、ローマ教会と対立を続ける。南からのイタリア半島統一を夢みて転戦し、果たさなかった。

ヤーコプ・ブルクハルト（一八一八―九七）以来、イタリア・ルネサンスの先駆にフリードリヒ大帝を置くことになっている。語学に堪能で、七カ国語を自在に読み書きし、文武両道、諸学に通じ武芸にすぐれ、戦えば必ず勝った。確かにルネサンスを彩る巨人たちに勝るとも劣らぬ天才で、「最初の近代人」だという評価も、あながちまちがいではない。しかしリアルタイムな視点からかれを呼ぶなら、むしろシチリア人・地中海人、あるいはオリエント人というべきだろう。

フリードリヒ2世

ムスリムが作った都市パレルモで育った大帝は、イスラームや非ローマ教会派に何の偏見ももっていなかった。アラビア語・ギリシア語を駆使し、学者・文化人・法律家を集めて、能率的な官僚制を打ち立て、機動的な傭兵部隊を備えたのは、西ヨーロッパがなおキリスト教信奉と封建制のただ中にあった時代である。だからたとえば十字軍など、かれにはバカらしくてやっていられなかった。そんな言動がまた、聖俗双方でいよいよ敵を増やす結果になったのである。

以上をあえて一般化すれば、当時のオリエント人と西ヨーロッパ人が対峙した構図とみればよいだろうか。前者は宗教的に寛容な都会人なのに対し、後者は農村を根拠地に異教徒の排斥に勤しんだ。

フリードリヒ大帝はもとより、前者の典型である。にもかかわらず、キリスト教世界のリーダーたる神聖ローマ皇帝として、ふるまわねばならなかった。そして立場・環境・条件・思考の異なる人々を相手取って、信仰を超越し、割拠を克服するイタリア半島統一を志したのである。そんな大帝の事業は、はじめから方向がまちがっていたのであって、夢が破れたのも、当然だったのかもしれない。

東に目を向けてみると、大帝はおおむね、オゴデイと同時代人である。モンゴルの興起・ユーラシアの制覇というめざましい世界情勢と対比するに、大帝がシチリアとイタリアに賭けた生涯は、まさに悲劇というほかはない。

しかし大帝は、少なからぬ遺産をのこした。都市を本拠に世俗的な官僚制を構築し、軍事を傭兵に任せ、経済と文化を高めてゆく、いわばオリエント的・地中海的な方向性は、大帝がシチリアで実践し、イタリアに範を垂れたものである。大帝亡き後、フランス王家の封建支配でシチリアと南イタリアが沈淪してゆくのと対蹠的に、北イタリアの諸都市がその衣鉢を継いで、イタリア・ルネサンスの花を咲かせていった。

†ルネサンスの背景

イタリア・ルネサンス、いわゆる「文藝復興」の詳細を語る紙幅の余裕はない。その条件・舞台だけ述べてみようと思う。それだけでもひとまずは、ルネサンスを世界史のなかに位置づけられるはずである。

そもそも文化というものは、富のあるところにしか存立しえない。これが最低限の必要条件である。だがカネがあれば、十分だというわけでもない。優れた文化を形成するには、担い手の高い技能と、外界の刺激とそれを内面化する過程が必要である。それには、多元的な交通と交流が盛んなところでなくてはならない。北イタリアの諸都市は当時、そうした面で絶好の条件をそなえていた。

まずローマの近くだったことである。後背地の西ヨーロッパは経済発展いちじるしく、北欧では毛織物業を中心にした、新たな商業圏すら生まれようとしていた。ローマ教皇庁はそうした西ヨーロッパの信徒から、「お布施」などの形で宗教的な搾取を続けており、その富がイタリアに集中したのである。

それをテコに、対アジア貿易の中心だった地中海と西ヨーロッパをつなぎ、全欧規模の貿易金融を展開したのが、フィレンツェ・ヴェネツィア・ジェノヴァなど、北イタリアの都市国家であった。

地中海におけるムスリムの、とりわけ軍事的な勢力の減退は、すでにはっきりしていた。ノルマンにシチリアを奪われたのは、その好例である。一一世紀末以後の十字軍に対しても、シリア・パレスティナ現地で反撃はできても、地中海の制海権を奪回することはかなわなかった。

かれらに代わり、優れた船団をくりだし、勢力を拡げていったのは、ヴェネツィア・ジェノヴァなどの海港都市である。そのライバルは当時、もはやムスリムではなくなっていた。むしろギリシア人、東ローマである。かれらが東地中海の商権を掌握していたからであって、北イタリアの海港都市はそこに触手を伸ばしはじめた。一三世紀初め、コンスタンティノープルを占拠した第四回十字軍のように、こうした都市国家の商業利害に十字軍そのものが乗っ取られた時すらあったのである。

こうしてヨーロッパのアジア貿易の咽喉にあたる地中海は、北イタリアの都市国家の手中に帰す。ジェノヴァやヴェネツィアの商船は、地中海をわが家の庭のように往来し、東方の珍奇な物産をもたらして巨富を得た。フィレンツェやヴェネツィアがヨーロッパで群を抜く経済大国となり、その通貨が全欧の国際通貨として、絶大な信用を誇る。そんな富の多くを文藝につぎこんだからこそ、「復興《ルネサンス》」がありえたのである。

†ルネサンスとは何か

経済的に繁栄したイタリアは、ルネサンス文化の花が咲き誇り、超一流の文化大国となって、全欧を魅了した。ヨーロッパはイタリアの模倣に狂奔し、それを通じて、自らの文化水準を高めてゆく。近代イギリス貴族の子弟がイタリアをめざした修学旅行《グランド・ツアー》などは、その典型を示す慣行だった。

もとより藝術ばかりではない。政治・外交・国際関係もそうであって、たとえば政治学の鼻祖マキアヴェッリ（一四六九―一五二七）は、あまりにも著名であろう。フィレンツェの外交家だった実践から、かれの思想が生まれたのはいうまでもあるまい。だから著述・理論ばかりではなく、制度もしかり、イタリア各地に常駐使節や在外公館のシステムができ、やがて全欧にひろがっていったのも、およそ同じ時期、一五世紀後半だった。

以後のヨーロッパ文明はこのように、当時のイタリアの文化的な達成がなくてはありえない。逆にいえば、その文化をひきつぎ、発展させて、その結果、近代西洋ができたからこそ、イタリアのこの時期が「ルネサンス」とよばれ、ヨーロッパと近代の出発点に位置づけられるのである。イタリア・ルネサンスがはじめから、ヨーロッパの「ルネサンス（再生）」として存在していたわけではない。

こうした点は、経済的な側面をみると、わかりやすいかもしれない。ヨーロッパの経済に関わる商業・金融のノウハウ・技術も、この時期に多く発祥したように映るからである。まず会社組織、「コンパーニア」の拡大であり、製造・取引・銀行など経営が多角化し、家族以外の協力者を受け入れ、支店網をはりめぐらせた。その所産としての複式簿記は、とりわけ有名である。ほか現代ではあたりまえの為替や手形などの有価証券、あるいは保険・郵便も、ルネサンス期のイタリアに確立したものだった。

もっとも以上は、言語・思想など地域的な個性に左右される藝術や政治とは異なって、イタリアあるいはヨーロッパ独自の発明と考えるわけにはいかない。すでにモンゴル時代でみたとおり、同種の「オルトク」などの商業資本は、先んじて東方で多大な活躍をみせているし、通貨・金融にしても交通・通信にしても、西アジア・東アジアのほうがはるかに先進的な整備を遂げていた。それがシリア・東ローマ・地中海経由でイタリアに到達したと考えるほうが自然だろう。アラビア語・ギリシア語文献の翻訳・解読からはじまった古典学・人文学《ヒューマニズム》とかわらない。イタリアの場合、幸いおびただしい史料が残って、つとに研究者が解読できたというにすぎない。

†イタリアの位置

イタリアは長靴の形に似ている。しかし長靴《ブーツ》というよりは、むしろ橋梁《ブリッジ》・転轍《スイッチ》の役割であろうか。オリエント・地中海世界にありながら、キリスト教＝ヨーロッパの一部をなすという地政学的な条件を有したからである。オリエント・地中海の先進的な都市文明を「ルネサンス」で濾過して、農村ベース・封建制のキリスト教＝ヨーロッパに伝播した。

そうした視角からすれば、フリードリヒ大帝以前のシチリア、あるいはルネサンス期のイタリアの都市国家は、規模こそ異なっても、中央アジアのオアシス都市国家に似ている。同一の原理で成り立っていたとみるのが正しい。草原・海洋をひかえて交通に至便で、遠隔商業に従事した点、繁栄が貿易と金融によって築かれたものだった点、さしたる軍事力をもたずに、経済と文化で主導権を握った点が、とりわけ顕著である。

そしてそれを通じて、いずれも二つの異質な世界を結びつけた。中央アジアがイスラームの西アジアと非ムスリムの東アジアをむすびつける役割を果たしたように、イタリアはオリエントとヨーロッパを結合させた。

時期的な推移も、パラレルである。イタリア・ルネサンスの最盛期は一五世紀、マー・ワラー・アンナフルを本拠にしたティムール朝の全盛と重なっており、ともに「一四世紀の危機」を経、ペスト禍を乗り越えて獲た繁栄だった。そして同じ一五世紀の終わりに、大航海時代を迎えると、そろって凋落した点までそっくりである。

この並行現象は偶然ではあるまい。ユーラシアの草原・農耕の境界地帯を走り、交通・商業の幹線をなす「シルクロード」は、西はシリアで終わる。しかし交通・商業は、その陸路で尽きるわけではなく、地中海の海路がその幹線をひきついで、イタリアまで達していた。だからイタリアも「シルクロード」の一部なのであって、その盛衰をともにしたと考えたほうがよい。

そう見れば、キリスト教を信奉したイタリアのルネサンスを通じて、地中海はそれまでのオリエントから、はじめてヨーロッパ史の舞台に転換したとみなすことができる。フリードリヒ大帝までは、オリエントの延長・一部としての地中海史だった。地中海史はルネサンス以後、名実ともに西洋史となったわけである。そして地中海がオリエントからヨーロッパに転換したその時、地中海とイタリアが占めた世界史的な役割は、終焉を迎えようとしていた。大航海時代である。

†没落

かつては「地理上の発見」といわれた大航海時代の事業は、そもそもイタリア・ルネサンスの所産である。フィレンツェの学者トスカネッリ（一三九七―一四八二）が唱えた地球球体説を信じて、ジェノヴァの航海士コロンブス（一四五一頃―一五〇六）が、西回りでインドに行こうとした。それがアメリカ「発見」につながって、ヴァスコ・ダ・ガマ（一四六九頃―一五二四）のインド航路開発の呼び水になり、一六世紀の大航海時代を導いたから、元来の「発見」はイタリア人が手がけたものである。ところがその「発見」は、アメリカの先住民はもとより、イタリア人自身にとっても災厄でしかなかった。

コロンブスの「発見」を支援したスペインが、アメリカ大陸を領有し、そこから大量の金銀をヨーロッパにもちこんだからである。中南米のアステカ帝国やインカ帝国を滅ぼし、その金銀を奪ったばかりではなく、征服した先住民を酷使して金銀鉱山を採掘し、毎週毎月、継続的に船に積み込んだ。

当時としてはとほうもない金銀の量であって、当然ながら貨幣の価値は下がり、物価はあがる。いわゆる価格革命であり、これで最も打撃を被ったのは、全欧の金融を掌握し、英仏の国家財政すら左右していたイタリアの銀行業であった。基軸通貨の役割を果たしていたフィレンツェ・ヴェネツィアの金貨は、その地位を失い、ほかの都市の銀行に蓄積されていた富も、価値を大幅に下げ、再起不能の打撃を受ける。

大西洋航路・インド航路の開発で、アジア貿易の中心も地中海から離れてゆく。地中海は次第にローカル線となった。イタリアが凋落したのも当然である。そしてそうした趨勢は、イタリアがつながってきたオリエント・「シルクロード」も、やはり同じだった。世界史の主役交代の日がやってきたのである。

2 「海洋帝国」から大英帝国へ

†スペイン・ポルトガル

世界史の主軸を西洋史に切り替え、ヨーロッパを世界の主役に推しあげる契機をなしたのは、やはり一六世紀の大航海時代である。その大航海は、コロンブスの出自をみてもわかるように、イタリアに胚胎した。ところが、その事業を現実に手がけて、推し進め、最初の果実を獲たのは、いうまでもなくスペイン・ポルトガルである。

スペインは中南米を中心に広大な植民地を領有して、ヨーロッパ第一の強国にのしあがり、ポルトガルはアジア貿易を独占して、経済的な繁栄を誇った。たがいに地球を折半したと誇る、グローバルな「帝国」である。

しかし外貌的なスケールはそうでも、その内的な構造はどうであろうか。「オリエントはピレネーにはじまる」。イベリア半島はウマイヤ朝の征服以来、イスラーム圏に属したところであり、久しく地中海・オリエントの文明を享受してきた。その点では、シチリアから発展をはじめたイタリアとかわらない。

イタリアの都市国家は東方とヨーロッパを結びつけ、貿易と金融で繁栄した。ヨーロッパをインドと結びつけた点は、スペイン・ポルトガルもまったく同じ。変わったのは、ルートと物量である。地中海に代えて、大洋を経由、インド以東に直結し、アメリカ大陸産の大量の銀を流し込むことで、東西・欧亜の結びつきをいっそう緊密に、貿易をいよいよ旺盛にした。

以上のように見ると、行動様式は旧態依然だった。とくにポルトガルがそうである。インド洋に展開して植民地を経営したといっても、その経済活動の内容は、要するに商館の設置、貨幣の供給を通じた仲介の交易であって、本質的に地中海を舞台にした従前のムスリム・イタリア商人と何ほどのちがいもなかった。

スペイン・ポルトガルもその意味で、地中海を制したイタリアの都市国家に取って代わったにすぎない。オリエント・地中海世界の成員でありながら、その地中海をいわば捨てて顧みなかった、あるいは犠牲にすることで、飛躍できたのである。繁栄が永続しえなかったのも、けだしそうした矛盾に原因があった。

†「海洋帝国」

そもそも当時、ヨーロッパとアジアの貿易は、端的にいってしまえば、アジア物産の買付にほかならない。逆にヨーロッパ・西洋からアジアに運ぶ物資は、その代価としての貴金属以外にはなかった。胡椒などの香辛料にくわえ、インドの木綿や染料、中国の磁器・シルクや茶。こうしたアジアの物産はいずれも、当時のヨーロッパの気候・技術ではつくりえない珍奇な商品ばかりで、西洋人の垂涎渇望の的だった。

したがって、海上輸送と貨幣供給にすぐれた担い手が、その主導権を掌握し、繁栄を享受できる。一五世紀は地中海のイタリア、一六世紀は大洋のスペイン・ポルトガルがそうだった。その後を継いだのが、オランダである。世界にひろがるヨーロッパの経済的な主導権が、一七世紀にオランダへ移り、アムステルダムが繁栄の中心になったというのは、やはり世界史・西洋史の常識にほかならない。

「海洋帝国」という概念がある。大航海時代以降、グローバルな規模で勢力をひろげた国家とその勢力圏をいい、一六世紀・一七世紀から一八世紀でいえば、スペイン・ポルトガルからオランダ、そして大英帝国に移り変わる流れである。

これに対する感覚は、ヨーロッパから最も遠い極東の孤島・日本が、あるいは最も典型的かもしれない。いわゆる南蛮渡来、ポルトガル人がやってきて、はじめて西洋人を日本に迎えたのは、戦国時代のただ中、一六世紀の半ばであった。もちろん大航海時代と重なる。そして一七世紀に入ると、渡来する西洋人は、「南蛮」から「紅毛」、つまりオランダが多くを占めるようになってきた。戦国から江戸時代にかけて、ポルトガルが去り、オランダが残ったくらいにしか見えない。キリシタンの弾圧から「鎖国」を完成させた日本側の都合だけで、その転換を解釈しているようでもある。

日本人・日本史にかぎった感覚だけなら、それでよいのかもしれない。あるいは中国などでも、同じであろう。しかし西洋史・世界史の文脈で、「海洋帝国」の交替をそのように考えたなら、いささか問題がある。

†西欧・北欧の位置

まずスペイン・ポルトガルとオランダを「海洋帝国」と一括りにして等し並みにあつかわないほうがよい。のちのオランダとイギリスの差違についても、それはいえるだろう。「帝国」の交替には、明らかに段階の差があったからであり、それぞれは次元が異なるとみるほうが適切かもしれない。

では、オランダは以前と何がちがうか。一目でわかる。地理的な位置が、スペイン・ポルトガルとは異なっていた。オランダははるか北方、北海に面した地に位置し、地中海岸にはない。もはやオリエント・地中海世界から脱した、新たな勢力が登場したのであり、西洋史もここで、新しい段階に入ったといえる。

南北ちがう土地であれば、気候・生態系も同じはずはない。生活・経済のありようも、したがって異なっている。アルプス以北のヨーロッパは、すでに相応の開発がすすみ、北海・バルト海を舞台にした貿易も、さかんになっていた。ルネサンスから大航海時代にかけ、西欧・北欧域内の経済規模も、拡大を続けていたのである。

イタリアの繁栄はそれと地中海貿易をリンクさせることによっていたし、スペイン・ポルトガルは大洋とのリンクで繁栄した。その意味で極端にいうなら、それまでの地中海諸国は、アジア物産を西欧・北欧域内市場と結びつける中継の役割だったのであり、オランダの登場と隆盛は、ヨーロッパが従前の中継を押しのけて、直接にアジアと結びついたという意義を有する。

西欧・北欧が優越していたのは、何より豊富な森林資源である。木材は資材と燃料に欠かせない。それは世界の勢力関係すら左右する。

たとえば造船である。文明の古い乾燥地域のオリエント・西アジアで、森林は最も早く涸渇した。イスラームが十字軍を迎撃はできても、反攻できなかったのは、船を作る木材が不足していたからである。

オランダ

ついで森林資源の減少が顕著だったのは、東アジアの中原である。しかし東アジアは、燃料の側面では、いわゆる唐宋変革のころ、世界に先駆けて石炭・コークスの使用が普及し、エネルギー革命を果たした。これはモンゴルのユーラシア制覇にも、大きく貢献している。しかも資材の点でも、隣接する江南の開発で、いっそう豊かな山林を用いることができた。かつて西が東よりも優位をしめていたアジアの勢力比重が、おおむね一〇世紀を境に逆転したのは、このように森林資源の面からも説明できる。

だとすれば、森林が西アジアに継いで涸渇したのは、オリエントにつながる地中海世界である。イタリアの海洋諸国がけっきょく地中海の外に出ることができず、スペイン・ポルトガルに大航海時代の主役を奪われたのは、そのためだった。

これに対して、潤沢な資源を活かし、海運で次第にプレゼンスを高め、スペイン・ポルトガルと肩を並べ、ついに凌ぐに至ったのが、北のオランダである。すでに北海・バルト海の貿易での実績もあったし、オランダは外洋ともつながる地の利をしめていた。一七世紀なかばの段階で、オランダのもつ船舶数は、ヨーロッパ全体の三分の二を占めたほどである。

さらに生産面でも、西欧・北欧はスペイン・ポルトガルを凌駕していた。穀物と毛織物の生産である。なかんづくオランダに隣接するフランドルで大発展した毛織物工業は、ヨーロッパの基幹産業になりつつあった。それが西欧・北欧の域内市場で金融・商業と結びついていたのである。

その中心的な結節点は、まずフランドルを控えたアントウェルペンにあった。その資本・機能が、スペインから独立を果たした海港国・オランダに移ってくる。旧来を凌駕する海運力をもったばかりでなく、従前になかった生産力を有する西欧・北欧の市場に直結したことで、オランダは飛躍できた。もっぱら海運・金融で栄えた地中海的な中継貿易とはちがった構造だったのである。

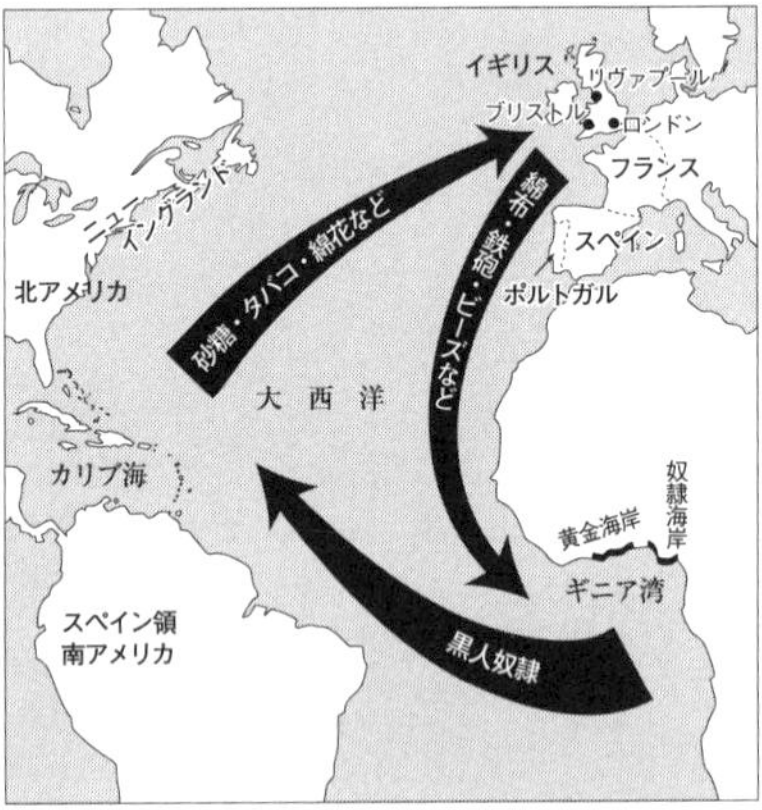

出典）川北 1996

図30 大西洋三角貿易

†環大西洋経済圏

このようにグローバルな規模の貿易経済のヘゲモニーが移りゆくなかで、いわゆる環大西洋革命は着実にすすみ、西欧・南北アメリカ・アフリカの大西洋沿海を一体化した経済圏が完成しつつあった。

図30は一八世紀に確立した環大西洋の三角貿易を示したものである。その構成をたとえば、前章末尾に掲げた**図28**と比較すれば、イギリス主導に移行した変遷のありようが一目でわかる。

当初、銀を供給する役割しかなかったアメリカ大陸は、入植と開発がすすみ、砂糖や綿花など、ヨーロッパが消費する第一次産品の供給地と化していた。欧・米はいよいよ緊密な経済関係を形づくったのである。

この経済圏がアジア貿易と不可分に結合し、やがてアジアの経済よりも優位に立ったことで、今日まで駆動しつづける資本主義・世界経済の原型が成立した。そうした転換の中心的な役割をはたしたのが、イギリスである。

このあたりの史実と歴史像は、世界の歴史学・経済史学が総力をあげて解明、描出してきた。ウォーラーステインの世界システム論はその代表例であるし、日本でもつとに、川北稔がそれを祖述し、発展させた不滅の業績がある。たとえばその『砂糖の世界史』が描くところは、世界最高水準の世界経済史像であって、それが高校生にでもわかる平易な日本語で読めるのは、後学の至福だといってよい。

†量的拡大

もっとも、かくも大きな変遷を経たといっても、大づかみな貿易構造でアジアとの関係をみるなら、オランダもイギリスも、当初はほとんど同じだったと考えるほうがわかりやすい。力関係でいってても、一七世紀の前半は、オランダが劣っていたわけではない。「鎖国」に向かった日本の例をみても、それは一目瞭然である。

その内容も一八世紀の前半までは、オランダ主導の時代とさして変わっているわけではない。もちろんアジアにおける勢力圏や活動範囲は、英蘭たがいに争って、各々異なるので、扱う品目も異なっていた。しかしながら最終的に、アジアの物産をヨーロッパに運んでくることでは選ぶところはない。

では、オランダからイギリスに代わったことで、何が変わったのか。端的にいえば、物量である。かつてない量的な増大が続いた。

そもそも大航海時代・アメリカ大陸の発見は、未曾有の銀産出で価格革命をもたらして、地中海の凋落を招いた。量的な拡大はすでに、そこから始まっている。しかし大洋を制したスペイン・ポルトガルの貿易は、銀を運んでアジア物産をもたらしたにすぎない。拡大を続けるヨーロッパ域内の産業・交易とのつながりは乏しかった。

オランダはそれを実現して、ポルトガルに代わり、アジア貿易の主導権を握り、それまでを上回る繁栄を実現した。それでもアジア貿易の内容・構造は、ポルトガルと選ぶところはなかった。

その点は、当初のイギリスも変わらない。イギリスが異なっていたのは、いっそう急速な量的拡大であり、それをもたらした内的変革であった。

†イギリスの登場

ポルトガルにしてもオランダにしても、国土の狭い小国である。そうでありながら、西洋のアジア貿易を制覇し、繁栄をきわめ、商人が大いに活躍した。海運力はそれぞれ卓絶したものの、海軍力が相応に強力だったわけでもない。政権と商人とはそれほど強い結びつきがなかった。というよりも、政権そのものが強力ではなかったのであって、その点はやはり、オリエント起源のイタリアの都市国家と似ている。権力《パワー》として強大だったスペインは、逆にアジア貿易にはほとんど参入していない。

オランダからイギリスの転換は、どうやらそこが異なっている。イギリスという国は、政治的・軍事的な大国をめざした。いな、結果的にそうなったというべきだろうか。ともかく一六世紀末、スペインの無敵艦隊を撃退したのに始まり、フランスと第二次百年戦争を争って、一八世紀の後半にはヨーロッパ屈指の強国にのしあがり、大陸の国際政治をも左右した。

しかもそれと同時に、オランダと商権を争い、大西洋の経済的主導権を手中にして、ついにはオランダに代わる「海洋帝国」となったのである。一八世紀末までの二百年で、イギリス人所有の船舶は、総トン数一〇五万トンと、二百倍以上に急増したという。

だがポルトガル・オランダと同じではない。海運・通商の大国というにとどまらない、海軍国という政治・軍事的な勢力《パワー》でもあった。それが次世代の産業革命にもつながる。

それはのちの大英帝国をみれば、あまりにもあたりまえのことかもしれない。しかしよく考えてみると、そんな国はこれまでなかった。未曾有の史実なのである。そのことのもつ世界史的な意味は、とてつもなく大きい。

†イギリスの黎明

イギリスがなぜそうなったのか。それに答えるには、どうやら国の成り立ちにまで、さかのぼって考える必要がありそうである。

イギリスというまとまった国は、いわゆるノルマン・コンクェストからはじまった。一一世紀後半のことで、東アジアではちょうど、唐宋変革の経済発展を経て、新たな社会構成と国際秩序が定着した時期にあたる。フランスのノルマンディ伯ギョームがイングランドを征服して、ウィリアム一世（一〇二七―八七）としてその王に即位した。

ノルマンディというのは、ブリテン島の対岸、その名のとおり北欧のノルマン人が占拠した地方で、かれらはフランスの封建諸侯となった。前回に登場したシチリア王国を建てた人々の故郷でもあるから、南北にわたる征服の拠点だったといえる。

以後、英仏百年戦争まで、イギリスは海峡を跨いで、フランスにも領地をもつ王国だった。いな、フランス王の封臣がイングランドに君臨したのだから、イングランドが属領だったというほうが正確である。実際イングランドの諸侯からとりたてた税収で、フランスの領地を防衛、経営していた。

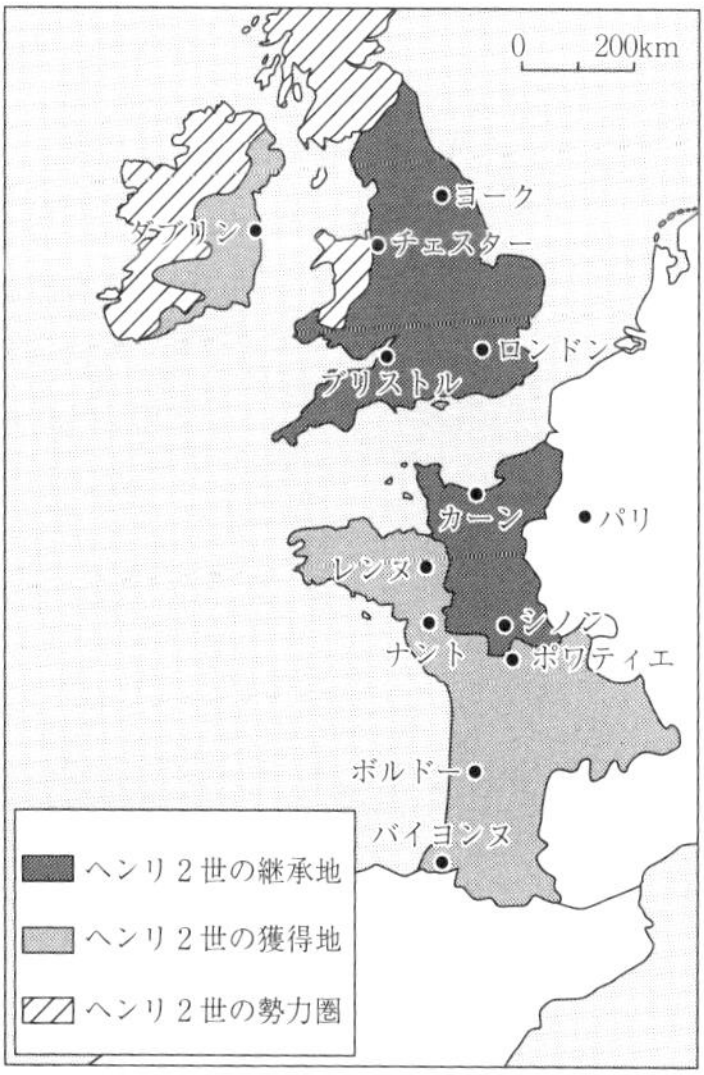

出典）君塚2015
図31　アンジュー帝国

ともかくウィリアム以降の君主は、英仏双方の土地を治め、有力諸侯を確実に掌握しなくてはならない。そのため海峡を往復し、つぶさに現地へ出向いて統治に当たった。ウィリアム一世はおよそ二十年の在位中に九回、海峡を往復したという。

このイングランド王が最大の領

ヘンリ２世

ジョン失地王

地を有したのは、一二世紀の半ば、ヘンリ二世（一一三三―八九）の治世である。現在のフランスの西半分を併せ、スコットランドとの国境からピレネー山脈にわたる規模で、ヘンリは当時、西欧最大の領主だった。アンジュー伯の家系であったから、俗にこれを「アンジュー帝国」と呼ぶ。

　領地が広くなれば、それだけ大陸防衛の必要も増す。王はイングランドで支持をとりつけつつ、フランスに長く滞在して統治にあたらねばならなかった。ヘンリも三十五年の治世の三分の二近くをフランスで過ごし、そこで歿する。

かなりの無理があった。それは後を継いだ息子のジョン失地王（一一六七―一二一六）、さらに百年後の英仏百年戦争で顕在化した。ジョンは大陸の領地をほとんど失い、挙兵と課税に反対したイングランド諸侯の支持をとりつけるため、認めざるをえなかったのが「大憲章《マグナ・カルタ》」である。王の政策決定と権力行使はこうして、イングランドすべての自由民から意見を徴し、しかるべき法の手続きをふまなくては不可能になった。いわゆる「法の支配」と議会制の淵源でもある。

この形勢を決定づけたのが、英仏百年戦争での敗北だった。時に一五世紀の半ば、イギリスはようやくブリテン島のみにまとまって再出発する。

✝アングロ・サクソン的「法の支配」

長々とジョン失地王まで、イギリス初期の具体的な歴史を述べてきたのは、かれがモンゴルのチンギスと同世代だからである。モンゴル帝国の征服とは、あたかも対極にあるような「アンジュー帝国」の凋落だった。しかしその凋落は、衰亡ではない。むしろ史上空前のシステム誕生を意味する。モンゴルが従前のアジア史の集大成だったから、こちらも対蹠的だった。

まずわかるのが、イギリスとは途方もない後発国にして、小国だったことである。早くて唐宋変革、晩《おそ》くとれば、ルネサンスと同時代からスタートを切った国であり、しかも「アンジュー帝国」といっても、いまの日本よりやや大きいくらい、モンゴル帝国にいたるアジアの諸政権に比べれば、ごくちっぽけな規模にすぎない。のちにはイングランドのみ、いっそう小さくなる。

その狭小な領地をくまなく巡回して、それぞれに戦争と課税の協力を仰ぐのが、イギリス王権のありようだった。それを制度化するため、君も民も縛る法が出現し、上が下を治め、下が上を制する議会制が胚胎したのである。治者と被治者の上下一体・双方向のシステムは、ここからはじまった。

デヴィッド・ヒューム（一七一一—七六）はつとにイギリス史のこうした意義を喝破し、「専制 government of will」を「法治 government of law」に代えたとみている（マイネッケ 1968）。とかく政体ばかりで解されがちなこの評言は、むしろ社会構成全体でみるべきものであって、イギリス固有の封建制から誕生したシステムだった。

いわゆる「法治」は、立法では議会制、司法では裁判制度で具体的な実現をみる。被治者が治者と会する議会にせよ、被告が原告と対する裁判にせよ、一体化・双方向を実施に移すシステムにほかならない。逆に「法の支配」というコンセプトが、そのシステムを成り立たせる脊梁でもあった。

†凝集する国家

こうしたシステムは、もちろん立法・司法に限らない。財政金融にもあてはまる。イギリスははじめて国債を発行し、中央銀行を創設した国でもあった。国債とは要するに、税金をとりたてたはずの政府権力が、重ねて民間に借金し返済する制度で、資金を出す側と受ける側が双方向に転換したから、債券という借用証も投資の対象に転じる。銀行も原理は変わらない。預金という借金をした同一の銀行が、貸付をおこなう一方で、準備を担保に銀行券・紙幣を発行した。

つまり信用制度が確立、拡大するのであり、やがて民間の株式会社も生まれる。そこには、政府権力のコントロール、つまり背任に対する制裁が実行できる「法の支配」が不可欠だった。

こうした財政金融のシステムは、そもそも軍事的逼迫からはじまったものである。黎明期のウィリアム一世やヘンリ二世の時代からそうであって、イギリスの政権は発足以来、つねに軍事費の欠乏に悩まされていた。それを捻出するため、領地を巡り、議会を作り、国債を起こし、銀行も設けたのである。そこには「法の支配」とそれを通じた制裁の発動、およびその裏づけとなる武力・暴力の集中・一元化がなくてはならない。

他方で同時に進行したのは、いわゆる軍事革命とそれを通じた「財政軍事国家」の形成である。火器の登場以降、兵器の性能・技術が向上し、軍隊の組織も変化してゆき、いわゆる「暴力装置」が急速に強化された。半面それは、いよいよ財政の膨脹をともなう。それが一体化・双方向のシステムを通じて、政府権力ばかりではなく民間社会にも波及して、信用が拡大し厖大なマネーが動くようになった（ブリュア2003）。

かくて政治・軍事・財政・金融が、狭小なイギリスにおいて緊密に結びついた。上下一体・君民一体で凝集した国家《ネイション》の成立である。それが「環大西洋」経済圏の量的拡大の原動力であり、産業革命・資本主義の前提であった。

これに加わったのが、対岸フランドルじこみの毛織物生産、オランダじこみの海運・通商である。いずれも模倣、代替といってよい。イギリスには元来、目立った産業はなかった。毛織物業にせよ、海運業にせよ、その発展と卓絶は財政金融の一体化による量的拡大、また政府の重商主義という政策を通じて実現したのである。

そしてついには、一七世紀の半ばから英蘭戦争を勝ち抜いて、オランダの「海洋帝国」

の地位までも奪取した。一八世紀の前半、ウォルポール(一六七六—一七四五)内閣の長期政権時代には、イギリスはもはや押しも押されもせぬ強大国・大英帝国になっていたのである。

3 帝国主義と東西の「帝国」

†産業革命

イギリスは一八世紀の前半、オランダに取って代わって、ヨーロッパの経済的主導権を掌握した。けれども当初、そのグローバルな全体構成は、なおオランダ時代と大きなちがいはなかった。つまり環大西洋経済圏を形成し、そこで獲た富をアジア物産の購入に充てるしくみであり、これは大航海時代から一貫していた。

大きく変化したのは、環大西洋経済圏の内部でその富をどのように、どれだけ生成するか、そうした方法と物量である。一六世紀からおよそ二百年の間、その変容をあらわす指標が、いわゆる「海洋帝国」の隆替、スペイン・ポルトガル→オランダ→イギリスの交代だったといってよい。

そうした変化で、最終的にイギリスが環大西洋経済圏のエンジンとなった。いちはやく政治経済の一体化を果たしたイギリスは、エンジンとしてかつてない大出力を備えたから、環大西洋経済圏もいっそうその駆動力を拡大させるにいたったのである。

つまり欧米は一八世紀になって、未曾有の量のアジア物産を買い上げることができた。それも香料やシルク・磁器といった、かつての奢侈品ばかりではない。インド綿布と中国茶がむしろ大宗になった。衣食という人々の日常生活にかかわるものであって、いったん嗜好に投ずれば、需要・消費は拡大持続する。しかも成長・発展のつづく環大西洋経済圏が買い付けたのであるから、それは時間の経過とともに、いよいよ増し、減ることはなかった。

もっとも、アジア物産を買い付けるのみの対アジア貿易が続いたのであれば、やはり多寡のちがいはあっても、オランダ時代以前と本質は変わらなかったかもしれない。それが終わらなかったところに、新時代を切り開いたヨーロッパ近代世界経済の真骨頂があった。すなわち、産業革命である。

産業革命とは何か。その定義ないしは影響は、さまざまに論じることができよう。工業化・機械化・マスプロダクション・資本主義・労働問題など。しかしグローバル・世界史の規模で、元来それがめざした目的からみれば、それはヨーロッパのアジア産業に対するキャッチ・アップ、アジア物産に対する輸入代替とみるのが、肯綮《こうけい》に当たっている。まずその主たる対象は、インド綿布であった。

イギリスの対アジア貿易でもたらされたインド綿布は、欧米市場を制覇した。そのあげくに、これを何とか自分たちで作れないかと欲求し、研究し、実現してしまったのである。とにかくそのキャッチ・アップ力がすさまじかった。そうしてできあがったのが、マンチェスターの綿工業であり、機械制工業の大量生産である。

†革命の結集と大英帝国

しかし機械化するのは、人力に代わる動力、蒸気機関の発明がなくてはありえない。機械なくして、ヨーロッパの工業化達成はありえなかったから、ここには科学革命による技術革新が作用している。

モノは作ったら、売らねばならない。製造・生産は購買・消費が前提であり、さもなくばコストとストックばかりが残る。厖大な設備投資と労働力投下が不可欠なマス・プロダクションなればこそ、交易・貿易が必要であり、コストの回収と拡大再生産を続けるためにも、市場《マーケット》が欠かせない。資本主義の原理である。

環大西洋経済圏から綿製品が溢れれば、ほかに売るべき市場を探さなくてはならない。そこで動員したのが、軍事力であり政治力である。具体的にいえば、すでに従属させたインドの市場化であって、ここには軍事革命が作用した。

つまりインドを軍事的に征服し、植民地として政治的に支配したうえで、関税率・為替レートなどの操作を通じ、経済条件を「経済外的強制」で改めて、イギリス工業製品の市場に変え、いわゆる「富の流出」を実現させた。こうしてアジア物産の一方的購入者でしかなかった欧米は、図32でみてとれるように、ついにその地位を逆転させたのである。世界史の比重がアジアから西欧へ、決定的に移行した瞬間だった。

この史実経過はインドにとって、この上ない災厄である。そればかりではない。のちに中国では、インドアヘンの持ち込みとアヘン戦争につながるのだから、中国にとっても災厄であった。環大西洋経済圏とインド・中国との、教科書的にいえば「三角貿易」の形成であって、こうしたアジアの災厄の上に成立したものこそ、近代世界経済であり、資本主義世界にほかならない。またそれが大英帝国の隆盛を示す現象でもあった。

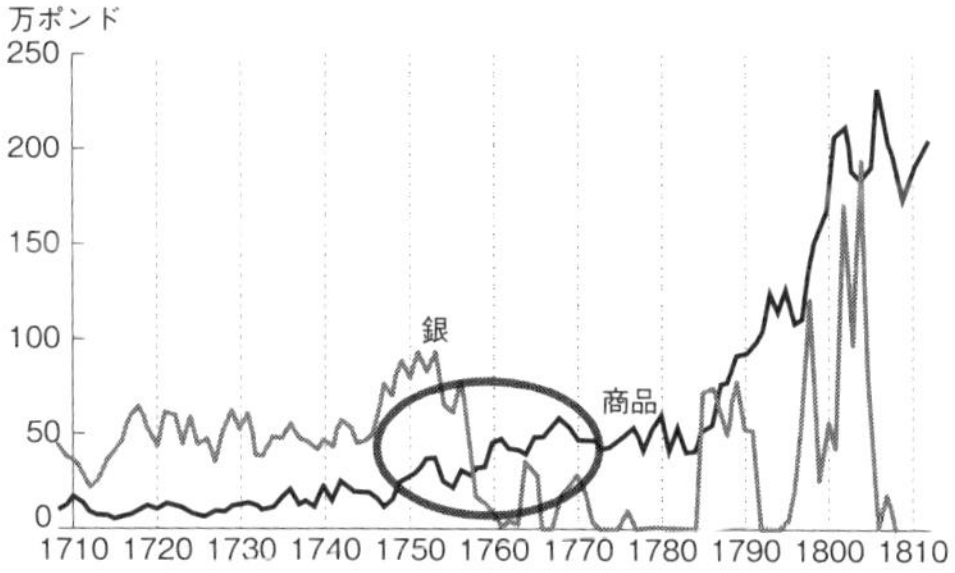

① イギリスからアジアへの輸出（1708-1811）

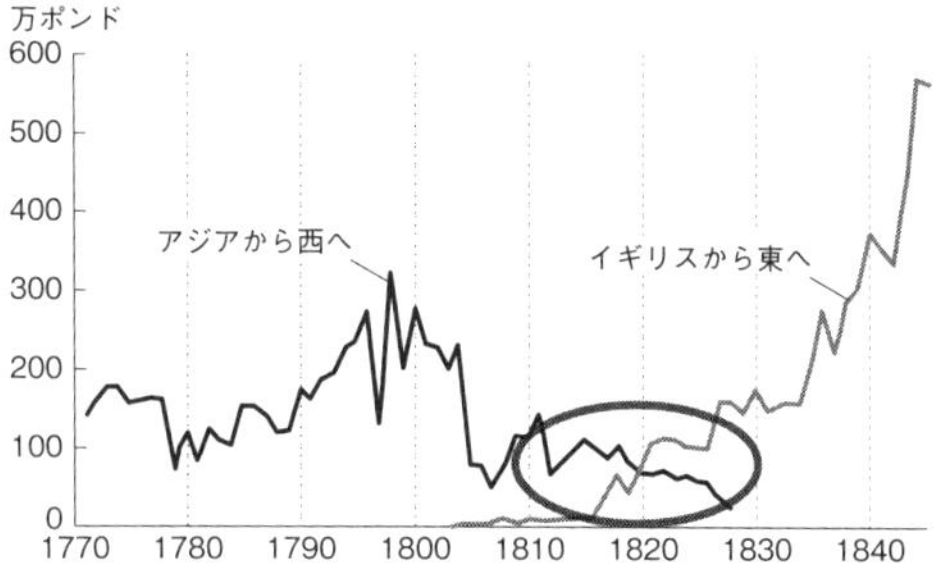

② 綿布の流れ（1771-1845）

出典）松井 1991

図32 東西の貿易

†近代世界経済とその核心

産業革命の世紀を通じて、大英帝国・近代西洋はアジアに優越し、これを従属化させることで、ようやく世界を制覇した。しかしその優位は、このようにもっぱら産業、あるいは純粋な経済だけでもたらされたものではない。

ヨーロッパがその経済力を身につけるには、人力・馬力をはるかに凌駕する動力を生み出す科学革命が必要だったし、火力を駆使して他の政治勢力を圧倒する軍事革命も必要だった。数多の革命を結集し、有機的に組み合わせた成果なのである。

そしていずれの革命にも欠かせなかったのは、資金・資本である。とにかく機械・火器を作って、革命を遂行するには、莫大なカネがかかった。その資金の調達で鍵となるのが「信用」であった。シュムペーター（一八八三―一九五〇）の『経済分析の歴史』もいうように、「それは資本主義の本質的部分」をなしたものである。

一口に信用といっても、それはさまざまな形態がありうる。友人の間で飲食代を貸し借りするのも、ごく卑近狭小ではあれ、信用にほかならない。またその対極として、預金や出資といったかたちで、不特定多数からカネを集める銀行や株式会社もあり、こちらはは

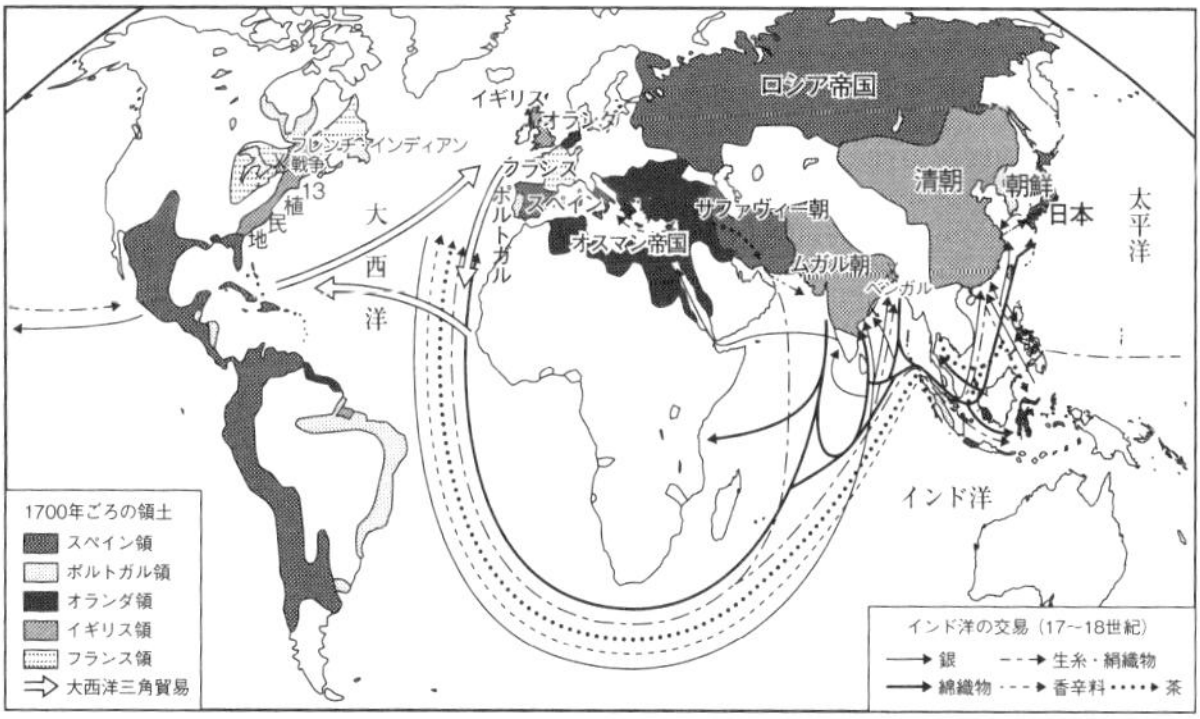

図33　大西洋三角貿易と対アジア貿易

るかに広汎で、大規模な信用ということになる。いずれの場合にしても、信頼できる相手であり、返済してもらえるあてがあるから、貸すことが可能なのであり、そこが金銭貸借・取引決済の要諦をなす。

　このように、大小のちがいこそあれ、信用という概念は同一で、本質はかわらない。しかし量的な差違は、往々にして質のちがいと直結する。あるいは内容・しくみが異ならなくては、量的な差違となってあらわれてこない。つまり大資本を結集するには、少額の貸借とはちがった「信用」の成り立たせ方が必要である。

†信用の拡大と投資の出現

小銭の貸し借りなら、顔見知りの口約束でできる。そのレベルの信用でよい。逆にいえば、そうした信用は、自分と親しい相手、およびその人物が自在に処分できる金額をカバーするにとどまる。そこを超越してしまうと、貸し倒れを防ぐため、短期の返済と重い利息が避けられない。これでは多額の資金を集め、長期にわたって運用するのは困難である。

そのような限界をやぶる大スケールの信用を創出するには、貸借を制度化しなくてはならない。個々人の認知可能な範囲をこえ、見ず知らずの人に金銭を貸しても、確実に返してもらえる保証のあるルールが必要である。

担保を出させることは、その一例としてわかりやすい。また事業に対する会計監査や破産手続のように、投下した資金が流用横領されたり、回収できなかったりするリスクを回避できるきまりも、その例に漏れないだろう。

いずれにしても、その実現に欠かせないのは、広域の金融管理・市場規制、もっと具体的にいえば、貸借・決済にまつわる不正・背任に対する法的な制裁である。それを供給するのは、法律制定・暴力装置を独占する政治主体にほかならない。ここに社会経済と一体化した政府権力の存在が必要になるわけで、そこに制度の核心があった。それがあってこそ、散在する遊休資金を不特定多数の人から集めて、大資本を形成し、運用することが可能となる。

たとえば、当時のヨーロッパで発祥、発達した株式会社は、その典型だった。本質はカネの貸し借りで選ぶところはないけれど、株式や債券という有価証券のシステムを通ずれば、それはもはや貸借とはいわない。投資である。厳密に株式会社の組織形態をとらなくとも、欧米の企業は多かれ少なかれ、そうした方式で起業し経営をおこなったから、その資金の潤沢さと事業の規模は、当時の世界で群を抜いていた。

民間企業に限らない。政府財政も同様に、投資の対象である。イギリスからはじまった公債・国債の発行を通じ、大規模な財政を組織することができたし、それは民間金融とも不可分の関わりをもった。権力と社会、政治と経済、官民の一体体制がその原動力なのである。

†帝国主義と現代

一八世紀・一九世紀、世界に冠絶した西洋列強の軍事力は、火力・動力の動員と応用、そして技術革新にその源泉がある。しかしそれは莫大な資金がなくては、そもそもおぼつかない。その資金は官民一体のシステムで巨大化した財政金融が支えていた。

ひるがえって欧米企業に目を転じると、同一の信用制度で資金を調達していたばかりではない。資本主義の競争淘汰・拡大再生産の論理にしたがって、グローバルな規模で展開したその活動は、やはり政治・軍事と足並みをそろえていたのである。

インド・東南アジアのような武力征服と植民地経営は、その典型である。さもなくば、清朝・オスマン帝国をはじめとする東西アジア諸国のように、圧倒的な軍事力にものをいわせて、戦争・威嚇を通じて経済権益を獲得した。いわゆる「砲艦政策《ガンボート・ポリシー》」「砲艦外交《ガンボート・ディプロマシー》」が海外経済活動の不可欠な前提であり、後ろ盾でもあったのである。それがまもなく、レーニン（一八七〇―一九二四）のいう「資本主義の最高の段階としての帝国主義」に発展する。

以後の歴史は、そんな帝国主義が地球を覆いつくし、世界が一体化した近現代史にほかならない。われわれに直接つながる過去である。日本も重要な配役として登場するから、もはやくだくだしくたどるまでもあるまい。いかに解釈、評価するかという重い問題は残るにせよ、大きな局面の史実としては、もはや明白である。

二〇世紀は帝国主義と化した欧米列強が、世界を制覇しながら相剋する、血みどろの時代だった。二度の世界大戦は、その典型である。そして列強以外のアジア・アフリカ、あるいはその他の地域は、いずれも例外なく、多かれ少なかれ一方的な従属を強いられた。

もちろん屈従に対する抵抗は少なくなかったし、流血も辞していない。やがてそうした境遇から脱するには、軍事的にも政治的にも経済的にも、自ら西欧化・欧米化することしかないと見さだめるに至るのが、二〇世紀アジア史の全体的な趨勢である。現代世界のグローバルな国際社会は、そうした非欧米諸国の自発的な欧米化の意思が維持してきた。しかしその動きはなお、大きな矛盾をはらむ。

†「大分岐」「大収斂」

欧米と非欧米とに截然と分かれて、前者が支配し後者が従属する関係と化したのが、一九世紀以降の近代であった。いわゆるグローバル・ヒストリーは、これを「大分岐 Great Divergence」と称する。だとすれば、非欧米諸国が近年、めざましい経済成長と台頭をはじめたのは、かつての「分岐」とは逆に、欧米先進国と接近してきた、「大収斂 Great Convergence」のプロセスだということになる。

「分岐」といっても「収斂」といっても、その根柢・前提にあるのは、元来が同じものだったというコンセプトである。つまり欧米も非欧米も、もとは差違がなく、均質であった。

それが近代に分かれたあげくに、転じて元の鞘に戻りつつあるのが現代であって、かつて従属下におかれたインド・中国など、新興国の勃興がその証左だというわけである。

以上はたとえば、いわゆるカリフォルニア学派が描いて、いま世界で主流をなす世界史像である。とても明快、わかりやすいけれども、素朴な疑問はぬぐえない。「分岐」した時期は、ほんとうにイギリスの産業革命・一八世紀としてよいのか。そもそもほんとうに「分岐」したのか。

近代にアジアと欧米が分かれていたのは、事実としてまちがいないだろう。しかし両者がはじめから、かけ離れた別のものだったなら、それを「分岐」とはいえまい。だとすれば、もちろん「大分岐」を前提とする「大収斂」も、論理的にありえなくなる。

計量的にみると、東アジアと西ヨーロッパそれぞれの「中核地域」は、一八世紀まで同じ経済水準にあって、均質だった。ところが、石炭・コークスの活用によって産業革命に至ったイギリスが、離陸《テイク・オフ》して、西と東とは分岐していった、というのがポメランツ『大分岐』の説くところである。

しかし数値が同じだからといって、内容・性質も同じだとは限らない。また石炭資源の利用・エネルギー革命は、東方ではつとに唐宋変革で経験していたところである。一方は産業化し他方はしなかったから、これまた同じ要因ながら、結果は異なっていた。いよいよ東西均質などとはいえない。あまりに粗雑な観察である。

†「西欧の奇跡《ヨーロピアン・ミラクル》」

比較史は難しい。条件が同じでなくては、比べることはできないからである。その異同をいかにみきわめるか。後世に残る史料のデータは、均質ではありえないので、同一の条件にそろえるには、どうしても仮説・仮定が欠かせない。とりわけ計量化にさいして、然りとする。

この場合、東西が計量的に近似するので、比較できると判断した。その量り方も多分に疑わしいものの、それ以前に東西の構造的な条件をみきわめる努力を怠っている。イギリス・西欧は西洋史の範疇だから、周知のところで誤りようもないのに対し、東アジアの史実解釈は、いかにもあやしい。数値以前の条件・仮説で誤っていては、そもそも比較など不可能である。それで「分岐」といわれても、にわかに信じられない。

本書に述べてきたところで、近代世界経済という存在は、イギリスを嚆矢とする法治国家というシステムをつくりあげた西欧にしか、出現しえなかったことがわかるだろう。貿易・金融と生産を一体化し、さらにそれを政治軍事と一体化した構造体であって、その核心に君臣・官民を一体とする「法の支配」が存在した。その構造でなくては、巨大化して世界を席巻することはかなわなかった。そしてそれは、ほかならぬイギリス・西欧固有の歴史に由来するものである。ほかの世界には、存在しえなかった。

かつて「西欧の奇跡」と題した本があった（ジョーンズ 2000）。「奇跡」の意味するところが、西欧の勃興した結果、創成した近代は、西欧にしか起こりえないものだった、というのならわかりやすい。いまその「奇跡」がつくりあげた世界の中で、われわれは暮らしているがために、それを通例、あたりまえだとみてしまうのである。けれども世界の大多数を占め、かつて世界史の主流だったアジアは、そんな「奇跡」を起こす条件をもっていなかった。

†東の「帝国」と「法の支配」

生産・通商の量的拡大、およびその結果たる産業革命の基礎・要諦になったのは、資本を形成せしめる「契約の信用」と「財産の保護」である。それには「法律的諸制度が必要とされ」、「伝統的社会」では不可能だ、と理論経済学者J・R・ヒックス（一九〇四―八九）は断じた（ヒックス1995）。いわゆる「伝統的社会」とは、西洋史でいえばオランダ以前、東洋史ではアジアすべてといってよい。すなわち権力と民間、政治と経済が隔たった多元的な構造にあって、「法律的諸制度」が整わないありようのことである。

ポメランツ『大分岐』が論及した一八世紀の中国でみるなら、その生業資本はおしなべて、西欧よりはるかに小さかった。最も富裕なはずの独占的な商業資本も、たえず資金の欠乏に苦しんでいる。こうした事情は、ほかならぬイギリスとの貿易にあたっていた広州の洋行商人をみれば一目瞭然であろうが、別に貿易商人に限ったことではない。「法律的諸制度」がないために、信用はいわば仲間うちにしか行きとどかず、金銭を貸し借りする対象も、自ずから限られてしまう。貸借・金融はあっても、事業投資という概念はありえない。それも官民・政経の一体とならない構造によるものだった。

それでは、なぜアジアは権力と民間、政治と経済が一体となる構造にならなかったのか。それぞれを担う主体が、まるでちがっていたからである。

ここまで縷々述べてきたとおり、アジア史の舞台はそもそも、乾燥と湿潤、草原と農耕、遊牧と定住という多元的な世界が、複合して成り立っている。歴史過程は互いの交渉・交流・提携・対立・相剋として展開した。それがアジア史の動態構造《ダイナミクス》である。

そのうち草原遊牧の世界は軍事にすぐれ、農耕定住の世界は経済に優越する。その境界では早くから商業・金融が発達して、相互をとりむすぶ役割を果たした。それぞれに言語・信仰・習俗が異なりながらも、機能を補完しあう関係にあったため、その連携が円滑にすすめば、たちまち大きな政治勢力となりうる。その最たるものが、モンゴル帝国だった。

モンゴル帝国という体制に帰結したアジア史の内部構成では、したがって政治・経済をそれぞれ多元的な主体が担っている。そのため全体が一体に還元できないし、全体を律する法制も存在しえない。厳密な意味で官民一体の「法の支配」が、機能しないのである。それは「ポスト・モンゴル」のオスマン帝国・ムガル朝・清朝でも、同様の多元構造であったがゆえに、同じ経過をたどった。

念のため申し添えれば、こうした「法の支配」の有無は、人間の暮らす自然環境の条件と、それにもとづいて歴史的にできあがった政治社会の構成から生じた結果である。断じて本質的な優劣の問題ではないし、かつまた現代世界のスタンダードから善悪を評価すべき論点でもありえない。

†西の「帝国」と「中世」

西欧はそうしたアジア史的な舞台構成と動態構造から、ほとんど隔絶した位置にあった。一言でいえば、草原・遊牧の世界を欠いた一元構造である。そこで権力も民間もひたすら農業生産力を高める努力をおこなっていたのが、黎明期の西欧の歴史であった。

モンゴル帝国と同時代の西欧は、すでにとりあげた「アンジュー帝国」である。同じく「帝国」と称しても、外貌・内容のいかにかけ離れたことか。君臨したヘンリ二世は、一二世紀の西欧最大の領主だった。しかし面積は現在の日本くらい、モンゴル帝国の何十分の一かの規模である。そうした隔絶した大小は、何を意味するのか。

イングランド王がその統治を確実にすべく、実にまめまめしく「帝国」を見て回ったことは、すでに述べたとおりである。だがイギリスばかりにとどまらない。西欧の封建領主なら、多かれ少なかれ自らの領地で、同じことをやっていた。こうした領主と被治者の近さこそ、西欧「中世」を彩る封建制の特徴である。いかに広くとも、ヨーロッパ諸国程度の面積・スケールでなくては、とてもゆきとどかない。同時代のモンゴル帝国、あるいは同じ体制をとって広域を支配した、アジアの諸政権ではありえないことだった。

上下・君民の近接する封建制は、やがてイギリスで官民一体というシステムを創出する。イギリス固有のものでありながら、封建制という共通の条件を有していた西欧なら、模倣はたやすかった。

しかもそのシステムを裏づける「法の支配」とは、君民・聖俗を問わず誰をも拘束するキリスト教の教義・戒律・禁忌を世俗化、換骨奪胎したものである。かつてキリスト教一色で、しかも政教分離を果たした西欧が、やはり最も定着しうる条件を備えていた。「ルネサンス」以降の欧米は、そこにアジア起源の商業・金融をとりいれ、発展変型させ、次々に「革命」をおこしていったのである。その過程は現在進行形で続いているといってよい。

逆にいえば、封建制・キリスト教・政教分離がなくては、近代世界経済は成り立たなかったということになる。封建制・キリスト教を「中世」と呼ぶなら、「中世」という前提のないところに、近代はありえない。そしてアジア史は、その「中世」をもたなかった。

だから東西は「分岐」などしていない。はじめから異なっていた。あえて「分岐」というなら、はるか「中世」の昔から、あるいは生態環境の初期条件から、始まっていたとみるべきである。

おわりに　日本史と世界史の展望

†「中世」と「近代」

西欧の「中世」は、かつて「暗黒時代」とよばれた。ルネサンス史観である。「ルネサンス」以降の観点からすれば、それ以前は荒唐無稽なキリスト教に蔽われ、人々は無知蒙昧、人間性を喪失して、モノの見えなかった時代だった。「ルネサンス（再生）」ということば遣いが、亡き古典古代の「復興」を意味するのであり、とりもなおさず「暗黒」という現状の否定とみなしたことの証である。

「中世 Moyen Âge」とは文字どおりには、あいだの時代、端境期という意味である。価値・意義・内容があるのは、古代とそれを「再生」させ受け継いだ「近代」なのであり、

「中世」はその中断期・中絶期というにほかならない。まったく否定すべき、ネガティヴな評価なのである。

その「暗黒」に積極的な意味づけをしたのが、たとえば哲学のヘーゲル、経済学のマルクスであった。キリスト教文明が確立し発達した時代、封建制の生産を中心とする社会経済への転換・向上がおこった時代だというにある。客観的にも確かに、キリスト教と封建制がなくては、ヨーロッパではないし、「近代」もありえなかった。

西欧近代は思想・認識・世界観としては、中世を否定しながら、社会組織や行動様式、組織・制度・体制では、疑うべくもなく中世を受け継いでいる。中世の断絶と連続、その組み合わせこそ、近代を生み出す原動力であった。

したがって、ヨーロッパをヨーロッパたらしめたものは、まちがいなく中世という時代に存する。そしてヘーゲルにせよマルクスにせよ、それを中絶ではなく、「進歩」という概念でとらえたところが重要であった。

†「近代」と歴史学

「ルネサンス」の精神は、なお逆境と宗教で抑圧され、断絶した人間性尊重の回復をめざすにある。学問でいえば、神学から人間の学、すなわち人文学《ヒューマニズム》への転換だった。そこではなお、中絶からの復興と転換という意識しかなかったのである。しかし一九世紀にいたって、「進歩」の意識・観念が定着した。中世から進んで別次元の近代に達した、という考え方である。

西欧はルネサンスからその時代まで、商業革命・軍事革命・科学革命・産業革命・市民革命と、いわば革命の連続であった。驚異の変貌である。そのプロセスを通じて、恐るべき「進歩」を成し遂げて、やがて世界を制覇した。そのこと自体は、紛うことなき事実であるし、摑んだヘゲモニーも今なお、手放してはいない。現代世界を覆う「グローバリズム」という概念が、何よりそれを物語る。

かつてのヨーロッパ人が有頂天になったのも、無理はない。もっとも、ただ思い上がったのではなかった。自らが到達した高みを説明し、正当化する論理を構築して、自他を納得させようとしたのである。そうした役割を担うべく、数多くの学問・科学ができあがり、体系化されていった。

西欧中心主義《ユーロセントリズム》はかくて、あらゆる学問の本質に埋めこまれている。現代の学問はそこに無関心・無自覚であってはならない。

当時なかでも必要だったのは、近代を摑み取った人類の「進歩」「発展」の道筋を説明できる学問・論理である。人間性の回復・復興ばかりでは、もはや十分ではない。そこに人文学から近代歴史学が生まれなくてはならない理由があった。歴史学は何より近代への「発展」をみとおす任務を有していたのである。

そのため歴史学は、どうしても中世とその「発展」型たる近代を抜きにして語ることができない。逆に、かつ極端にいえば、中世の様相を帯びないところに、「進歩」「発展」をともなう歴史は、存在しえないことになる。

アジア史は西欧のような中世をもたなかった。そうである以上、「進歩」「発展」はありえず、また歴史も存在しえない。ヘーゲルやマルクスがとなえたアジア停滞論は、近代歴史学を生み出した思考様式の必然的な論理的帰結だったわけである。

†「中世」の存否——中国と日本

そのマルクスは一八五〇年代、暮らしていたロンドンで、はるか極東の中国に期待を示した。一八四〇年に勃発したアヘン戦争の結果、中国が開港したためである。イギリス資本主義の工業製品が流入し、中国社会の動揺をひきおこして、やがて革命がおこると予測した。そしてその革命で中国市場が急激に縮小し、イギリスの恐慌を誘発して、資本家に打撃を与え、今度はヨーロッパで革命が起こると見通したのである。

ところが案に違って、イギリスの対中輸出は伸びなかった。マルクスがイギリス外交官の調査報告から見いだしたその原因は、農業と家内手工業とが低廉な労働力で鞏固に結びついて、工業製品の輸入障壁をなした、つまり農業と工業が未分化なままの、自給的な社会経済構造である。

これでは、階級分化した労働者・プロレタリアートの闘争や革命など、思いもよらない。マルクスたちにとって、眼前の中国もこうして、「停滞」するアジアの範疇にとどまったのである。

マルクスがまなざしを向けた東アジアは、しかしながら中国だけではない。ほかならぬ日本も、その一つだった。

『資本論』に幕末日本が登場するのは、つとに有名な話である。マルクスは、「その土地所有の純封建的組織とその発達した小農民経営とによって」、日本が「忠実なヨーロッパの中世像を示してくれる」と記した。かれが参照した典拠資料が何か、諸説あるものの、いまは立ち入る暇がない。ここではマルクスが「封建」「中世」という概念で、日欧の共通性を見いだしたことをおさえておこう。

　マルクス自身、中国も日本も実見したことはなかった。断片的な記録や紀行をもとに、その社会を想像しただけである。にもかかわらず、その洞察はやはり鋭い。中国と日本をそれぞれの社会構造から辨別しているのであって、日中を安易に同一視しがちな同時代・後代の西洋人とは、截然と異なる知性だった。

　もちろん中国ないしアジアが停滞しているというのは、いわれのない差別である。実際には、高度な商業・金融の発達と大資本の集中が難しいところから、個別に零細な生業経営になってしまう経済構造だった。それが「進歩」著しいヨーロッパ人からみれば、「停滞」的に映ったにすぎない。そうした「停滞」的社会経済構造から生み出されてきたアジア物産の国産化を、当の西欧は「進歩」的な方法を講じて、この時期ようやく達成できたのである。

　西欧が「進歩」して創造した「近代」は、西欧にしかありえない「奇跡」だった。その出発点・原資をなす「中世」も、西欧独自のものである。そんな「進歩」と「奇跡」の胚胎と誕生の過程が、学問思考に不動の基準《スタンダード》となった。これでは、ユーラシアの大部分を占めるアジア史は、「停滞」でなければ意義づけができない。

†日本人と歴史学と日本史

こうした近代歴史学を誰よりも忠実に受け止め、実行したのが日本人であった。西洋史しかカバーしていなかった近代歴史学・世界史を、日本人は自国の日本と近接する東アジアにもあてはめ、おしひろげて、日本史学と東洋史学という学問分野を作り出した。

さらにいえば、そのうち日本史学の体系化は、円滑にできあがったのに対し、東洋史学は難渋をきわめており、その齟齬はいまも解消されていない。

体系化とは、西欧のたどった歴史・西洋史の「古代」「中世」「近代」という段階で「発展」「進歩」する時代区分をほどこして、全体の歴史を構成することである。それが歴史学のスタンダードだった。マルクス史学であろうとなかろうと、選ぶところはない。

そんな日本史学の代表的な古典の一つが、一九四四年脱稿の石母田正《いしもだしょう》（一九一二―八六）『中世的世界の形成』である。東大寺領伊賀国黒田荘を舞台に、「中世」がどのように生まれ、またいかに敗北したのかを描くことで、在地社会でおこった歴史の転換をダイナミックに映し出した。

それればかりではなく、その論述の射程は、日本全体の「中世」の形成と中国におけるその「欠如」にも及び、まさにマルクスの把握と平仄《ひょうそく》が合っている。マルクス史学が席巻した日本の歴史学の一到達点を示した業績だった。

もちろんマルクス史学は、拠って立つべき理論としては、いまや通用しない。しかし石井進（一九三一―二〇〇一）が「解説」にまとめたように、とりわけ中国との対比から、「アジアのなかでただ一つ「中世」を形成しえた国＝日本」とする（石母田1985）とらえ方は、中国史が一つの典型を示すアジア史との差異を意識的・無意識的に提示したものであって、そこはさらにつきつめて考える余地がある。

それでは近世日本は、いかなる歴史をたどってきたのか。大づかみにでも一瞥を加えておこう。

†近世までの列島

日本列島はユーラシアの東端の、さらに海の向こうに存在する。それより東に、ほぼ陸地はない。つまり最果ての地であり、いうまでもなく後進地である。

そうであればこそ、その国の黎明から、中国大陸や朝鮮半島の先進的な文化・制度を積極的に摂取し、いわばアジアの歴史世界に同化しようとしていた。そうした過程がいわば日本の古代史であって、たとえば「律令国家」という概念は、そうした一面をあらわす。ところがポスト・モンゴル時期になると、明らかに列島の動きは反転し、アジアから離れてゆくものになった。たとえば大陸・半島からもたらされた文字・書記言語の漢語は、その典型である。

まずその運用が多くの場合、漢訳仏典をベースとしたところが異なっているし、その仏教信仰もつとに神仏習合を経て、土着化した。それと前後して、たとえば仮名を生み出すなど、漢字の運用もやはり土着化し、日本人の文化・信仰・思考、そしてそれらがよりどころとする母語は、およそオリジナルの漢語とはかけ離れていった。

こうした乖離を決定づけたのは、近世日本の形成過程にある。下層から成り上がった領主勢力が、僧侶・公家など、旧来のエリートを排撃して、軍事・政権を独占した。いわゆる下剋上である。

その過程を通じて、一向一揆・キリシタンなど、政治活動や一定の権力を志向する宗派・教義、およびその信徒に対する徹底的な弾圧をも敢行した。その結果、一種の政教分離を果たしたともいえる。

儒学が普及した泰平の江戸時代も、その様相はかわらない。儒学は民間にも浸透し、日本人の多くがこれを通じて、漢語をマスターし知的水準を上げた。しかし文治政治や異学の禁はあっても、大陸や半島のように、儒教が体制教学として政治・社会を規制する教養になったことはない。さらに民間社会では、儒学にいわばアレルギー反応を示しはじめ、いっそう実証的な蘭学・国学が勃興してきた。

日本人は漢語を身にはつけても、それと不可分のはずだった儒教的な観念やイデオロギーを体得することはなかったのである。そうした点、同じ漢字漢語を用いつつ、一種の普遍性にまで高めた大陸・半島とは、大きく隔たったままであった。

†「大開発」の進行と停頓

群雄割拠の戦国は、世界の大航海時代と重なる時代で、豊かな金銀の鉱脈を有した列島は、元手の金銀を携えて、商業ブームを謳歌した。経済は活性化し、社会は富裕化する。

富とエネルギーの蓄積は、爆発的な土木開発事業をもたらした。なかんづく河川の治水灌漑工事が重要である。これまで開墾の手がおよんでいなかった沖積平野は、かくて肥沃な水田と化した。

耕地は一八世紀に至る三百年の間に、三百万町歩とおよそ三倍に増え、新しい村が続々とつくられる。それを治める大小の領主は、争って城下町を建造した。現代日本の農村と都市はこのときあいついで生まれたのである。近世の日本はまさしく「大開発」、列島改造の時代であった。人口が一千万から三千万と、ほぼ三倍の規模になったのも、同じ時期である。

その「大開発」は一八世紀に入るまでに一段落し、耕地も人口も見るべき増加はなくなった。量的な限界にまで達したのである。

貴金属も鉱脈が涸渇して、海外に輸出できる有力な産物はなくなった。にもかかわらず、大航海時代に滔々と流れこんだアジア物産、生糸・茶・木綿・砂糖などは、すでに生活の必需品となっている。その需要と供給は、もはやとめることができない。

†社会経済の転換

そこで日本社会は、一変を遂げる。米・麦の主穀生産を主としていた農業は、地域それぞれの特性を生かした特産物の生産に転換した。端的にいえば、それまで輸入に頼っていた中国産品の国産化である。生糸・茶・木綿・砂糖は各地で生産がはじまって、やがてすべて国内で自給できるようになった。また同じ時期、海外から入ってきたアメリカ大陸原産のサツマイモやタバコも、同様である。

こうした特産物ははじめから、商品作物であった。産地が偏っているから、輸送・分配の必要があり、交通・運輸、そして商業の発達をもたらす。いわゆる「鎖国」の狭い国内かぎりながら、流通市場が発達した。権力の側も株仲間の結成など、そこに積極的に管理統制を加えたため、官民一体の市場経済化がこの時期に実現することとなる。

こうした産業転換・市場経済化を支えたのが、農民の勤労である。限られた一定の土地で、生産の量的な水準を維持しつつ、なおかつ質的な転換をはかるためには、労力・資力をそこに集中投下するほかはない。一カ所で働きつづける百姓のモラルと自然資源の徹底利用とリサイクルが普通になった。

もっともそうした営為は、民間だけでは効率が上がらない。山林なら無秩序な乱伐のおそれもあるし、耕地が多数の村にまたがっていれば、争いも起こりうる。その管理と調整には、権力の行使がどうしても必要だった。大規模な土木工事を要する時はなおさらである。権力と民間が一体の自然の開発・維持・活用が普及した。

一八世紀の列島はこうして、生糸・茶・木綿・砂糖の自給化を通じ、アジア貿易に依存しない産業構造をくみたてた。しかし日本ばかりではない。それは同時期の西欧でもおこっていたことである。

西欧はその実現を植民地への産物移植と労力の機械化、つまり産業革命で果たした。他方、日本は国内の栽培・農民の勤労で達成したのであり、そこに日本の特色がある。西欧がグローバルな規模で、世界市場・世界経済を形成したのに対し、日本もほぼ国内かぎりで完結する小規模ながら、やはり市場経済をつくりあげた。

ともにそこでは、政治と経済、権力と民間は密着した関係にある。日本の社会は西欧と同じく、上下一体の凝集性に富んだ構造だったのである。

†日本史とアジア史と西欧

このようにみてくると、アジア史にみられた種々の特徴は、日本史にほとんど見いだすことができない。むしろはるかに隔たる西欧との類似、あるいは並行現象がきわだった史実経過である。

まずアジア史のダイナミクスを構成した遊牧と農耕の二元世界が、列島には存在しなかった。したがって、機動性の卓越した軍事力も、遠隔地をむすぶ商業金融も欠如しており、両者の提携も必然的に発達していない。「中世」の西欧と同じく、農業生産優位の一元的社会だったのであり、政治と経済、権力と民間が乖離しがちな社会の二元構造も希薄であった。「百姓は生かさぬよう殺さぬよう」権力が面倒をみたのであって、これまた、西欧との共通性が濃厚である。

日本人は書記言語としては、大陸由来の漢字・漢語を使った。けれども大陸や半島のように、儒教・朱子学を政治・社会のイデオロギーとしたことはない。日常の生活から、国内の組織、対外的な関係にいたるまで、そうである。

近世日本の対外関係を「日本型華夷秩序」と称する学説もある。けれどもそれは、本場の「華夷秩序」とは似て非なるもので、ただ朝鮮・琉球・オランダ・アイヌと有した個別の関係を、江戸時代に普及した儒学の語彙概念で形容、表現したにすぎない。

また列島は、内陸アジアの遊牧国家が尊重したモンゴル的伝統とも、もちろん無縁だった。信仰したのは同じく仏教だとはいえ、漢訳仏典にもとづく土着化した神仏習合であって、アジア各地に普及した上座部仏教やチベット仏教とは、ほとんど無関係である。

しかも織豊政権から江戸初期の近世日本は、仏教の従属化とキリシタンの禁圧によって、一種の政教分離を果たした。これも西欧の宗教改革から三十年戦争と同じ時期に、並行現象を呈している。

経済もそうである。一八世紀西欧の産業革命がアジア物産に対する輸入代替・国産化だったとすれば、日本も一八世紀に方法こそ異なっていても、同じ輸入代替・国産化を果たした。こちらも並行現象だとみてよい。

しかしながら産業革命以後の西欧は、世界経済・世界市場を形成し、アジア経済にキャッチ・アップしたうえで、帝国主義によってこれを凌駕したものである。グローバルな世界制覇だった。

これに対し、いかに並行現象とはいえ、「鎖国」日本は列島かぎりの経済・市場である。アジア経済に追いつくのがせいぜいであった。西欧とはあまりにもスピードとスケールが異なっている。

これこそ、西洋近代と近世日本を分かったものであって、後者を洞察したマルクスの慧眼が、「忠実なヨーロッパの中世像を示」すと喝破したゆえんでもある。なればこそ、幕末明治の日本はあらためて、西洋化・近代化にとりくまねばならなかった。

†近代日本と現代世界

日本列島はこのように、アジア史・東アジアとの共通性に乏しく、むしろ西欧に近似した歴史をたどった。それでいて、地理的には東アジアに近接し、漢語が代表する言語文化の側面で確かに共通性がある。こうした日本の特性が、二〇世紀以降の東アジアの変容・再編をうながすにあたって、重大な条件を提供した。

西欧の「中世像」に近似した社会経済構造をベースに、「近代」を徹底的に模倣したのが、明治日本の「文明開化」であった。経済的な「殖産興業」と政治的な「富国強兵」を曲がりなりにも達成しえたのは、その社会構造の生成が西欧に近似した歴史過程をたどってきたからである。

「文明開化」は西欧「近代」の主権国家体系と軍事・経済の制度を、日本人が自家薬籠中にしようとする試みであった。そのためには「近代」を自らの言語で把握、思考、表現できなくてはならない。歴史があまりにも浅い「やまとことば」では、西欧の術語概念を翻訳することは難しかった。そこで用いたのが漢語である。もはや自国語にもひとしい外来語たる漢語を通じて、西洋化を成し遂げたのが、日本近代史のプロセスであった。

そして帝国主義まで模倣した日本は、隣接する東アジアを従属させようとする。そのなかで、朝鮮半島・中国大陸に日本流の近代化をおしつけた。半島・大陸がそれに強く反撥しつつも、実質的に倣っているのは、漢語を共有していればこそである。その結果、東アジアの在来秩序は、言語・観念のレベルから変貌をとげた。

東アジアばかりではない。日本の近代化の先駆的な実践は、多かれ少なかれ、ほかのアジアにも影響をあたえ、西洋化を通じて西洋列強に対する従属を否定しようという気運を促進した。

もとよりすべてが、日本人自ら企てたことではありえない。それでも役割は、決して小さくなかった。現代世界のあらゆる国々が、ひとまず欧米のスタンダードで国際社会を構成するのは、西洋化を是とするコンセンサスができ上がったからである。日本の存在はその意味で、抜きんでているといってよい。

しかし日本史の経験は、東西のアジア史と決して同じではなかった。それだけにいわゆる「国際社会」、欧米スタンダードに対する態度・言動は、日本自身と、日本に近い東アジアと、さらには遠い西アジアとの間で、まちまちにならざるをえない。「歴史認識」・「領土」問題など、厳しい東アジア情勢の多くは、そこに起因するし、また西方で多発するテロや紛争も、同じ文脈による。

ところが日本人の大多数は、そこに気づいていない。それはアジア史の内実に疎く、西洋史を即、世界史とみなし、日本を安易に東アジアとみなす既成観念が抜け切らないからである。「グローバル・ヒストリー」の蔓延は、たとえばその典型ではなかろうか。やはりアジア史を基軸とする世界史が不可欠なのである。

世界は日本と欧米だけではない。あたりまえの真実をあらためて嚙みしめて、世界史を見なおす必要がある。この危機《リスク》溢れる時代・世界に臨むわれわれ必須の前提でなくてはならない。

あとがき

若いころの読書は、往々にして頭から離れない章句に出会うものである。筆者にとって、それは宮崎市定「世界史序説」の至言だった。

歴史は始より終まで一つの世界の歴史である。世界史の可能不可能のごときは問題ではない。当然あるべき歴史の姿は世界史の外にない。（宮崎 2002）

宮崎はわが東洋史学の先師にして巨匠、この文もその立場でないと出てこない。もっとも、読んだ当初は、なるほど、と感心しただけで、こう言わねばならぬ背景や根拠にまで、思い至るはずもなかった。知命を過ごして、ようやく思い当たるふしがある。

ふたつの含意がある。「当然あるべき」世界史に東洋史学が不可欠であり、なおかつ不用である、ということである。

そもそも歴史学はヨーロッパで成立し、アジアに存在しなかった。だからその標榜する人類の「世界史」が当初、実質的に西洋史になってしまったのは、やむをえなかった面もある。ないものを考えることはできないからである。

そうした偏向を矯《た》めるため、日本人が東洋史学を生み出した。西洋史だけで「世界史」とみなす向きのある以上、欠かせない存在である。人類全体の歴史を構想し、真の世界史を叙述するには、東洋史学の成果の上に立って、「世界史」を自任する西洋史・近代知の主観・偏見をたえずチェックしなくてはならない。

しかしそれを遂げたあかつきには、東洋史は無用の長物、もはやいらない。東洋史学はしたがって、一刻も早く不用と化し、世界史に昇華できる日を待ち望んでいる。

そこで周囲をみわたすに、「世界史」を標榜する書物はおびただしい。遺憾ながら、立場のちがいこそあれ、そんな東洋史学の願いも成果も、あるいはセンスも使命も持ち合わせないのが実情である。

そうである以上、真の世界史を実現するための手段・方便でありながら、東洋史のレゾン・デートルは存続せざるをえない。西洋人・西洋史が東洋史学の意味を知らないのは、まだ情状酌量の余地はあろうが、日本史はもとより、東洋史・アジア史を専門にする人々も同断なのだから、困ったものである。

忘れられないのは、宮崎市定だけではない。いまひとつ、歴史とは「選択の体系」であり、歴史叙述が「選択の過程」から生まれると説くE・H・カーの『歴史とは何か』である。

歴史の学徒にとって半ば自明でありながら、これほど蔑ろにされてきたテーゼもめずらしい。たとえば教科書・学術書を問わず、世界史・通史と銘打つ史書は、提唱・構想にとどまらなければ、必ず分担執筆である。それは「体系」であり「選択」であるかもしれないが、決して「選択の体系」ではありえない。

情報化・グローバル化の時代、細かな史実はいくらでもわかるようになってきた。無数の史実はとても一人の眼・頭でカバーできない。だから事実の穿鑿は、多数の分業・協同が避けられないし、また有効でもある。けれどもそれだけでは、筋の通った世界の通史にはならない。史実の「選択」が必要である。やみくもに選ぶわけにはいかないから、一貫した「体系」が欠かせない。そこを横文字のセオリーに頼るのが、日本人の習癖である。

それが正しいならともかく、ずっと誤ってきたのが、どうやら日本人の史学史らしい。古来の世界史（＝西洋史）にしても、最新の「グローバル・ヒストリー」にしても、その「選択の体系」を取らないのは、アジア古今の重要な史実を「選択」するのに役立たないからである。これはアジア史を手ずから扱った人ならば、よくわかるはずで、そう感じない人は、アジアの史料に向き合っていないと断言してよい。そこに東洋史学の「体系」を知る一人の眼で世界を見わたし、一人の手で通史を実作する必要が生じる。

視点は西ではなく東、学説も最新よりは復古。学問的な真実・真理は時流・時勢と関わりない。そんな立場から、あえて自らを不用とすべく試みた世界史叙述が、小著である。眇たる試行錯誤でしかないものの、志はおこがましくも巨匠と同じ、勢い余ってタイトルもそれを冒してみた。

小著は筑摩書房のPR誌『ちくま』に二〇一六年一二月から十六回にわたった連載「世界史を一望する」をまとめたもので、冗長な記述を刈り込んだりするなど、若干の補訂を施している。一年あまりの連載中、少なからぬご支援を得てきた。なかんづく以下の方々に、深甚の謝意を捧げたい。

君塚直隆先生は絶えざる激励ばかりか、英国史・西欧史で多大な示教を惜しまれなかった。山下範久先生には異なる専門・見地から、つねに犀利な批評をいただいている。ともども魯鈍で逡巡しがちな筆者の背中を押してくださった。

連載の企画から小著の上梓まで、終始お世話になったのは、永田士郎さんである。「来たるべき世界史をいっしょに作りましょう」というその熱意と、放胆自儘《じまま》な執筆を包容くださった雅量に導かれるまま、存分に反時代的な蛮勇をふるうことができた。

読者諸賢にも、そんな世界史を同道いただければ、望外の喜びである。

二〇一八年五月　新緑あふれる賀茂の畔から

岡本隆司

文献一覧

小著を著すにあたって、その賛否取捨にかかわらず、参考にした文献は少なくない。ここでは、リーダブルで手頃な体裁の著述を中心に、選りすぐって一覧にしてみた。書中に著者・刊行年で簡単に掲出した引用文献以外に、読者にぜひ繙いてほしいものがあるからである。

もとより網羅的にはならない。紙幅の都合上、ヘーゲルやレーニン、マルクスやウォーラーステインなど、あまりに有名な古典は掲出しなかったし、浩瀚な学術書の列挙もなるべく控えている。また訳書もふくめ、日本語で読めるものにかぎって、外国語の著述は一律に省いた。

いずれもキリがないからである。小著の立場からすれば、真っ先にあげなくてはならないロシアの史家バルトリドすら割愛した。やむなき「選択の体系」にしたがったこと、ご賢察いただきたい。

飯塚浩二『東洋史と西洋史とのあいだ』岩波書店、1963年
石田幹之助／榎一雄解説『増訂　長安の春』平凡社・東洋文庫、1967年
石母田正『中世的世界の形成』岩波文庫、1985年
梅棹忠夫『文明の生態史観』中公文庫、1974年
岡崎勝世『聖書vs世界史——キリスト教的歴史観とは何か』講談社現代新書、1996年
岡田英弘『世界史の誕生——モンゴルの発展と伝統』ちくま文庫、1999年
岡本隆司『中国「反日」の源流』講談社選書メチエ、2011年
——『近代中国史』ちくま新書、2013年
川勝平太『日本文明と近代西洋——「鎖国」再考』NHKブックス、1991年
川北稔『砂糖の世界史』岩波ジュニア新書、1996年

――「プロテスタンティズムだから発展？　産業革命が起きた本当の理由」『週刊東洋経済』6677号、2016年8月13・20日合併号
岸本美緒『東アジアの「近世」』山川出版社・世界史リブレット、1998年
君塚直隆『物語　イギリスの歴史（上）――古代ブリテン島からエリザベス一世まで』中公新書、2015年
木村尚三郎『歴史の発見――新しい世界史像の提唱』中公新書、1968年
黒田明伸『貨幣システムの世界史――〈非対称性〉をよむ』岩波書店、2003年
桑原隲蔵『蒲寿庚の事蹟』平凡社・東洋文庫、1989年
小杉泰『イスラームとは何か――その宗教・社会・文化』講談社現代新書、1994年
桜井邦朋『太陽黒点が語る文明史――「小氷河期」と近代の成立』中公新書、1987年
杉山正明『モンゴル帝国の興亡』講談社現代新書、1996年
――『遊牧民から見た世界史――民族も国境もこえて』日本経済新聞社、1997年
高山博『中世シチリア王国』講談社現代新書、1999年
玉木俊明『近代ヨーロッパの誕生――オランダからイギリスへ』講談社選書メチエ、2009年
長谷川貴彦『産業革命』山川出版社・世界史リブレット、2012年
濱下武志・川勝平太編『アジア交易圏と日本工業化 1500-1900』リブロポート、1991年
原洋之介『アジア型経済システム――グローバリズムに抗して』中公新書、2000年
林佳世子『オスマン帝国の時代』山川出版社・世界史リブレット、1997年
藤沢道郎『物語　イタリアの歴史――解体から統一まで』中公新書、1991年
本田實信『モンゴル時代史研究』東京大学出版会、1991年
増田四郎『ヨーロッパとは何か』岩波新書、1967年

松井透『世界市場の形成』岩波書店、1991年
松田壽男『アジアの歴史——東西交渉からみた前近代の世界像』岩波書店・同時代ライブラリー、1992年
間野英二『中央アジアの歴史——草原とオアシスの世界』新書東洋史⑧、講談社現代新書、1977年
水本邦彦『徳川の国家デザイン』全集日本の歴史第10巻、小学館、2008年
宮崎市定『アジア史論』中公クラシックス、2002年
——『中国史』岩波文庫、2015年
——／礪波護編『東西交渉史論』中公文庫、1998年
森本一夫編著『ペルシア語が結んだ世界——もうひとつのユーラシア史』北海道大学出版会、2009年
森安孝夫『シルクロードと唐帝国』興亡の世界史05、講談社、2007年

J・L・アブー＝ルゴド／佐藤次高・斯波義信・高山博・三浦徹訳『ヨーロッパ覇権以前』岩波書店、2001年
P・ヴィダル・ド・ラ・ブラーシュ／飯塚浩二訳『人文地理学原理』岩波文庫、1940年
E・H・カー／清水幾太郎訳『歴史とは何か』岩波新書、1962年
パミラ・カイル・クロスリー／佐藤彰一訳『グローバル・ヒストリーとは何か』岩波書店、2012年
J・A・シュンペーター／東畑精一・福岡正夫訳『経済分析の歴史』岩波書店、2005・2006年
E・L・ジョーンズ／安元稔・脇村孝平訳『ヨーロッパの奇跡——環境・経済・地政の比較史』名古屋大学出版会、2000年
ドナ・トー編／高山林太郎訳『マルクス中国論』刀江書院、1973年
W・バジョット／小松春雄訳『イギリス憲政論』中公クラシックス、2011年
ジュリアン・バーンズ／丹治愛・丹治敏衛訳『10 1/2章で書かれた世界の歴史』白水社、1991年
M・N・ピアスン／生田滋訳『ポルトガルとインド——中世グジャ

ラートの商人と支配者』岩波現代選書、1984年
J・R・ヒックス／新保博・渡辺文夫訳『経済史の理論』講談社学術文庫、1995年
A・G・フランク／山下範久訳『リオリエント――アジア時代のグローバル・エコノミー』藤原書店、2000年
ジョン・ブリュア／大久保桂子訳『財政＝軍事国家の衝撃――戦争・カネ・イギリス国家 1688-1783』名古屋大学出版会、2003年
K・ポメランツ／川北稔監訳『大分岐――中国、ヨーロッパ、そして近代世界経済の形成』名古屋大学出版会、2015年
F・マイネッケ／菊盛英夫・麻生建訳『歴史主義の成立』筑摩叢書、1968年
A・マディソン／金森久男監訳・政治経済研究所訳『経済統計で見る世界経済2000年史』柏書房、2004年
キショール・マブバニ／山本文史訳『大収斂――膨張する中産階級が世界を変える』中央公論新社、2015年

ちくま新書
1342

世《せ》界《かい》史《し》序説《じょせつ》
——アジア史《し》から一望《いちぼう》する

二〇一八年七月一〇日　第一刷発行
二〇二四年五月二〇日　第四刷発行

著者　岡本隆司（おかもと・たかし）
発行者　喜入冬子
発行所　株式会社 筑摩書房
東京都台東区蔵前二―五―三　郵便番号一一一―八七五五
電話番号〇三―五六八七―二六〇一（代表）
装幀者　間村俊一
印刷・製本　三松堂印刷 株式会社

ISBN978-4-480-07155-2 C0220